The 1st step to consumer behavior

1からの消費者行動

松井 剛
西川英彦 （編著）

第2版

発行所：碩学舎
発売元：中央経済社

序　文

　この教科書は、皆さんが日頃行っている「消費」について考えるための道具立て
を提供することを目的としている。皆さんが普段使っているモノ、身につけている
モノ、家にあるモノは、ほとんどがどこかで購入されたモノである。お店に出向い
て買うこともあれば、インターネットで買うということもあるだろう。この教科書
では、わたしたちがどのようにしてこうしたモノを買って使っているのか、という
ことを考えてみたい。

　たとえば、皆さんが大学で授業を受けるときに、ペットボトルの飲み物を持ち込
むことがあるだろう。ペットボトルの飲み物は、実にたくさんの種類がある。また
コンビニ、自動販売機、スーパー、キオ（ヨ）スクなど、いろいろな場所で売られ
ている。たくさんの場所で売られているたくさんの飲み物の中から、皆さんがいま
飲んでいるブランドが選ばれたのはなぜだろうか？　考えてみれば不思議である。
このブランドを自分が選んだ理由を知りたくないだろうか？

　こんなこともないだろうか。お気に入りのTシャツを大学に着ていったら、同じ
ゼミの仲間が全く同じデザインのTシャツを着ていて、気まずい思いをしたことは
ないだろうか。もしかしたら他の友達からからかわれたりするかもしれない。もし、
そんなことがあったら、二度とこのTシャツを大学には着てこないだろう。逆に、
他の学生が持っていないオシャレなTシャツを着て、うらやましがられたり、ほめ
られたりしたという人もいるかもしれない。このようにファッションというものも、
考えてみたら不思議である。自分とTシャツとの関係だけでなく、自分と他の人の
関係も、気になるのである。

　このように、消費者行動には、さまざまな不思議に満ちあふれている。この不思
議を解き明かすことは、自分のことや人のことを考えることであり、実はとても楽
しいことである。この教科書では、こういった楽しみを皆さんに体感してもらいた
いと思っている。そのために、この教科書では3つの工夫をしている。

　第1に、消費者行動論をできるだけ身近に感じてもらうために、小石川家という
家族を、全15章に登場させている。両親と姉と弟（そしてペットの犬）からなる
小石川家は、個性豊かな面々であり、好みも性格もずいぶんと違う。クルマ好きな
父、オーガニック食品に関心がある母、オシャレも仕事も頑張る姉、アニメオタク

でありアイドルオタクでもある弟の消費者行動は、それぞれ違う。このように小石川家の登場人物は、わかりやすいキャラクター設定にしている。というのも、消費者行動の多様性を理解してもらうために、あえてステレオタイプ（第14章参照）をあてはめているからである。こうした多様性にあふれた消費者行動を解き明かすためには、多種多様な道具立て（これを理論とか概念という）が必要だということが、自然にわかるはずである。

　第2に、一見、難しい理論や概念を、できるかぎり簡単な言葉づかいで説明するように努めている。消費者行動論には、いろいろな学問の成果が反映されている。そのため、中には理解するのが難しいものもある。しかし、この教科書では、できるかぎり簡単に説明し、常に具体例を紹介している。自分の身近な経験を思い浮かべながら勉強すれば、抽象的に見える理論や概念でも、飽きることなく学ぶことができるはずである。

　第3に、この教科書の流れ（構成）をシンプルにしていることである。この教科書は、「第Ⅰ部　個人としての消費者」「第Ⅱ部　個人消費者へのマーケティング」「第Ⅲ部　社会的存在としての消費者」の3つから成り立っている。第Ⅰ部では、ペットボトルの購買のような消費者行動に注目する。第Ⅲ部では、着ているTシャツが「かぶる」といった消費者行動に注目する。間にある第Ⅱ部は、消費者行動に基づいた企業によるマーケティング上の工夫について学ぶ。

　この3つ目の工夫は、この教科書の基本的な考え方に基づいたものである。つまり、私たちは、一個人として感じ考えて行動するということもある（個人としての消費者）。しかし一方で、他人の目を気にしたり、あるいは他人に自分を認めてもらいたいという気持ちを抱いたりするのだ（社会的存在としての消費者）。人間のこの二面性をバランスよく見ることを、この教科書は目指している。

　この考え方は、北米での消費者行動論の定番教科書『ソロモン　消費者行動論』の思想に基づくものである。マイケル・ソロモン教授による同書は、この教科書の著者の多くが翻訳にたずさわった。この翻訳作業を進める中で、この人間の二面性に着目した日本オリジナルの教科書を創りたいという強い気持ちが生まれた。翻訳メンバーに加えて、信頼できる優秀な研究者を招いて、各章の執筆作業を分担して進めた。何回もミーティングを行って、少しでもわかりやすく意義深い教科書になるように努力した。

　その努力がどれだけ実現できているかは、読者の皆さんの判断を待つしかない。ぜひ皆さんの感想や意見を聞きたいと思う。皆さんも私たちも消費者である。消費

者について知るということは、自分や世の中についての洞察が深まることであると、私たちは考えている。見えなかった大事なことが見えるようになる。そんなささやかな奇跡が起こることを期待している。

　最後に、この第2版では2つの変更を行ったことを記す。1つは、読者の皆さんが、本書の内容を現在のこととして、より身近に感じられるよう、各章の具体例をアップデートした。そのために、一橋大学松井ゼミと法政大学西川ゼミの皆さんに、改訂作業を手伝ってもらった。ここに記して感謝する。もう1つは、2色刷から単色刷に変更した。本書は大学生協や丸善が提供する電子教科書でも閲覧できるが、そのアプリケーションの画面で見やすくするためである。

　ささやかな改訂だが、読者の皆さんに、より親しみやすく使いやすい教科書と思って頂ければ幸いである。

2019年10月

編著者　松井剛・西川英彦

登場人物紹介
〈小石川家〉

父・ヒロシ（55歳）
重電メーカー部長。

母・ユミコ（49歳）
バブル景気を楽しんだ世代の
専業主婦。

チワワの
モモ

姉・アイ（27歳）
社会人5年目、丸の内の
損保会社で働く
「陽キャ」キャリアウーマン。

弟・ショウタ（21歳）
経営学部の大学生。
就活中のアニメオタク。

CONTENTS

1

◆CONTENTS

第Ⅱ部　個人消費者へのマーケティング

第9章　店頭マーケティング ─────────── 125
　　──売れるお店はどうやってつくる？

第Ⅲ部　社会的存在としての消費者

第 I 部

個人としての消費者

第1章

イントロダクション
──みんな生まれつき消費者だ！

第2章
第3章
第4章
第5章
第6章
第7章
第8章
第9章
第10章
第11章
第12章
第13章
第14章
第15章

1　はじめに
2　小石川家登場！
3　個人としての消費者（第Ⅰ部）
4　個人消費者へのマーケティング（第Ⅱ部）
5　社会的存在としての消費者（第Ⅲ部）
6　本書の構成
7　おわりに

1 はじめに

　この1週間を振り返ってみよう。皆さんはきっと何か買い物をしているはずだ。コンビニで飲み物を買ったり、大学生協で教科書を買ったり、電車に乗るためにICカードを改札口でかざしたり。

　皆さんはどういったときにお金を払い、どういったときには払いたくないのだろうか？　買った後、使って満足する時もあれば、後悔する時もあるだろう。なぜだろうか？　同じものを買っても、満足する時と不満に思う時もあるだろう。考えてみたら不思議なことである。

　皆さんは、生まれながらにして消費者だ。消費者というのは、モノを買って、使って、最後には手放す（あるいは使い切ってしまう）人々のことを指す。こうした購買、使用、廃棄の一連の流れを、消費者行動と呼ぶ。人の一生を指して「ゆりかごから墓場まで」ということがある。ゆりかごも墓も、お金を払って買うものだ。このように考えると、皆さんは生まれてから、この世を去るまで、ずっと消費者であり続けるわけである。

　この教科書は、消費者行動について深く理解するための便利な道具（これを理論とか概念という）を皆さんに身につけてもらうことを目的としている。消費者行動について理解を深めることは、自分や友達や家族といったさまざまな人たちについての理解を深めることに直結している。このテキストで紹介された道具立てを使って、世の中を眺めてみると、きっと景色が違って見えるはずである。

　皆さんがこうした道具を自分の血肉にしてもらうために、まず小石川一家に登場してもらおう。その上で、個人としての消費者（第Ⅰ部）、個人消費者へのマーケティング（第Ⅱ部）、社会的存在としての消費者（第Ⅲ部）というこの教科書の流れに沿って、説明しよう。最後には、この教科書の章構成を説明する。

2 小石川家登場！

　小石川家は東京郊外の一軒家で暮らす4人家族である。
　父のヒロシ（55歳）は、大学卒業以来、重電メーカーに勤めており、最近、部

長に昇進した。ヒロシは毎日、ランチにお金を払っている。会社の同僚たちと、和食、イタリアン、フレンチ、中華といったお店に行くときは、お得なランチセットを頼むことが多い。しかしコンビニで弁当やおにぎりを買って済ませることもある。そんなときは春になって気持ちが良い公園のベンチで、一人で食べることが多い。夜は、職場の同僚や部下たちと呑みに行くこともある。でも時には、立ち飲みバルで一人ゆっくりとワインを傾けることもある。付き合いの良いヒロシは、会社の人たちとランチや飲みに行くのが大好きである。でも、時には一人でいたいこともある。皆と一緒の時と、一人でいる時で、ランチやお酒へのお金の使い方が、どうも違いそうである。

　母のユミコ（49歳）は、ヒロシと社内で知り合い、結婚後、専業主婦をしている。目下の心配は、冷蔵庫の調子が悪いことである。新しい冷蔵庫を買わなきゃと思っており、週末にヒロシと家電量販店に行こうと思っているが、「君が好きなのを決めたら良いよ」とヒロシが乗り気でないのが、いまいち気に入らない。もう1つ、ユミコの関心事は、来月ある短大時代の同窓会である。ユミコは、いわゆるバブル景気を経験した世代だ。学生の頃やOL時代は、DCブランドでキメて、高級フレンチを楽しんだ「美魔女」である。同窓会で久しぶりに会う友達に「負けない」よう、どんな服を着て、どんなアクセサリーを付けるのか、エステの予約はどうしようと、いろいろ忙しい。冷蔵庫もファッションも買い物である。しかし、どうもこの2つには大きな違いがありそうである。

　ヒロシとユミコの間には子供が2人いる。姉のアイ（27歳）は、社会人5年目で都心の損害保険会社で働いている。お嬢様女子高校を卒業後、大学ではテニスサークルに入った「陽キャ（キャラクター）」である。いまは丸の内で働くワーキングウーマンとして、オシャレも仕事も恋も手を抜かないことに密かな誇りを持っている。女子の新入社員の憧れの先輩である。しかし、ここだけの話、アイはラーメン二郎や家系ラーメンといったアブラたっぷりのラーメンが大好きである。学生時代に「テニサー」の男子に「二郎」に連れていかれたのが運の尽き。今では「ヤサイマシマシアブラカラメ」と手慣れたコール（ラーメン二郎独特の注文の仕方）をするジロリアンであることは、職場では決して言えないトップシークレットだ。アイは、なぜこのことを秘密にしなければならないのだろうか？

　弟のショウタ（21歳）は、大学生で、経営学部の4年生である。春になって就職活動が本格的に始まり、慣れないスーツ姿で、会社や大学に行くことが多い。リクルートスーツ姿からは想像がつかないだろうけれども、ショウタは重度のアニメ

5

【図1-1　小石川家の人々】

オタクであり、アイドルオタクである。土日はたいてい撮りためたアニメを一気見して過ごすし、コミケ（コミックマーケット）には毎回始発電車で行っている。AKB48のファンクラブにも当然入っている。アイとは違って「陰キャ（キャラクター）」であり、友達も同じようなオタクが多い。クリスマスのような陽キャイベントとは無縁で、「ぼっち」のクリスマスをTwitterで実況するような自称ヘタレである。ショウタは、就活の面接でオタクであることをアピールすべきかどうか、悩んでいる。ウケるかもしれないし、ドン引きされるかもしれない。面接官や会社によって使い分けたほうが良さそうである。どんな風に使い分けたら良いだろうか？

　小石川家には、もう1人というか、もう1匹いる。チワワのモモである。家族全員から愛されているモモは、小石川家のもう「1人」の家族である。単なる動物でしかないモモを、なぜこの4人は、あたかも人格がある人間のように接しているのだろうか？

3 個人としての消費者（第Ⅰ部）

　小石川家の家族4人（とモモ）は、同じ家族といっても違う人格を持つ人間である。年齢も家族の中での役割も性格も違うから、当然、消費者行動は違ったものと

【図1－2　消費者行動の３段階】

購　　入 ➡ 使　　用 ➡ 処　　分

なる。

　消費者行動とは、モノを購入して、使用して、処分する一連のプロセスを指す（**図1－2**）。たとえば、ヒロシがコンビニでおにぎりと飲み物を買う、ユミコが冷蔵庫を買う、アイがラーメン二郎でラーメンを食べる、ショウタがコミケで同人誌を買う、といった行動が、消費者行動である。この「消費者行動」の「消費者」は、ひとりの個人である場合もあれば、小石川家のような家庭であったり、ヒロシが勤める会社のような組織であったりすることもある。たとえば、冷蔵庫を買うのは、ユミコ個人というよりも、小石川家であるというべきだろう。

　「消費者行動」には「論」ということばが後ろに付く場合がある。この消費者行動論は、消費者行動の一連のプロセスを分析するための理論や概念のまとまりである。なお、消費者行動の３段階は、目にみえる消費者の行動であるが、各段階には第６章で見るように、「購買意思決定プロセス」という心理的プロセスが含まれる。この教科書では、こうした理論や概念、すなわち消費者行動を理解するための道具立てを紹介して、身につけてもらう。

　上で述べたように、消費者行動は、購入、使用、処分という段階に分かれる。購買と使用を分けて考えることは大事である。たとえば、第９章で見るように、ユミコがスーパーで買う食品は、購買者はユミコだが、使用者（すなわち食べる人）は、ユミコを含めた家族全員である。すなわち、冷蔵庫を選ぶときと同じように、購買する人と使用する人が違う場合があるのだ。あるいは、第15章で取り上げる贈り物は、買う人（贈る人）と使う人（受け取る人）は、必ず異なってくる。

　消費者行動に処分が含まれることを不思議に思う人がいるだろう。しかし冷蔵庫を買い換える場合、どんな人も考えなければいけないのが、今ある古い冷蔵庫をどうするのか、ということである。リサイクルのための費用がかかるからである。今度、新しく冷蔵庫を買っても、将来、またそれを廃棄処分しなくてはならない。そのときに面倒なことにならないよう冷蔵庫を選ぶ人も少なくない。あるいは、自動車を買うときに中古車として下取りしてもらう際に、高い値段がつくかを気にする人も多いだろう。このように、処分もまた消費者行動の重要な段階なのである。

　この消費者行動の一連のプロセスは、通常は、ひとりの人間が行うものである。

【図1‐3　個人としての消費者】

アイがラーメンを食べたり、ショウタがコミケで同人誌を買ったりするという消費者行動は、購買者と使用者が一致するケースである。このように考えると、わたしたちの消費者行動の多くは、ひとりで買って、ひとりで使って、ひとりで処分しているように思える（**図1‐3**）。通常、わたしたちは複数の選択肢から1つを選んでいる。傘にしても、ハンバーガーにしても、ワインにしても、メガネにしても、予算の範囲内で一番気に入ったものを選ぶということをしている。わたしたちは、お店に行くと五感を通じてさまざまな刺激を受ける。たとえば、スーパーの試食コーナーで焼き肉の良い匂いがすると、その肉を買いたくなるだろう。あるいは、頭の中にある料理のレシピを思い出して、その肉を焼き肉ではなく、たとえば肉じゃがを作るかもしれない。このように私たちは、五感を通じて得た刺激と、記憶の中にある情報をつきあわせて、物事を決めている。五感の問題は第2章で、記憶の問題は第4章で、そして物事の決め方については第6章で議論している。こうした一連の作業は、一個人が行っていると考えられる。こうしたイメージを、この教科書では「個人としての消費者」と呼んでいる。この「個人としての消費者」は、第Ⅰ部でさまざまな角度から議論される。

4 個人消費者へのマーケティング（第Ⅱ部）

　消費者行動を理解することのメリットはどこにあるのだろうか。1つ考えられるのが、わたしたち自身の消費者行動を分析できるようになることで、無駄遣いを減らしたり、本当に欲しいモノを満足して買うことができたりするというメリットである。自分について客観的な立場から分析できるのは、非常に良いことである。買い物に限らず、自分について冷静になるという意味で役に立つ。

　それ以上に、消費者行動を理解することのメリットとして強調されるべきなのは、企業のマーケティングに役に立つ、ということである。マーケティングとは、簡単にいうならば、お客さんにモノやサービスを買ってもらい、満足してもらうことで、売上や利益を得るビジネスのことである。そのお客さんについての理解が深ければ、マーケティングが成功することは想像できるだろう。第Ⅱ部では、第Ⅰ部で学んだ内容に従って、「個人消費者へのマーケティング」について考える。

　マーケティングとは何か、ここで大まかに確認しておこう。マーケティングとは、STPと4Psから成り立っており、このSTPと4Psの設定に、消費者行動論は役立てることができる（**図1-4**）。

　マーケティングでは、まずお客さんの集合である市場を何らかの基準で分ける必要がある（セグメンテーション：Segmentation）。たとえば、男か女か、若いの

【図1-4　STPと4Ps】

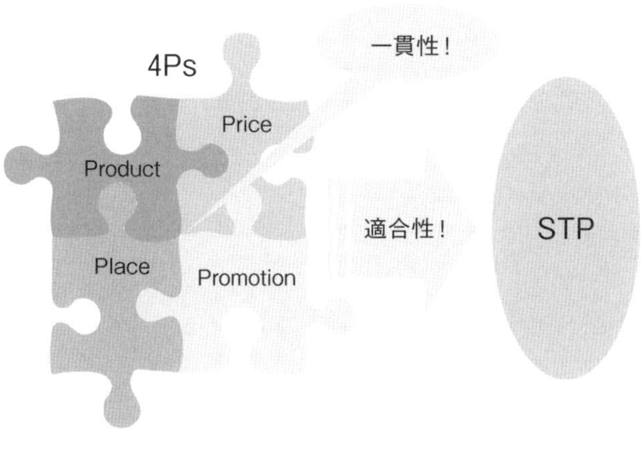

4Ps

一貫性！

Price

Product

適合性！

STP

Place　Promotion

か高齢者なのか、といった基準である。これをデモグラフィクスという。あるいは、落ち着いた性格なのか派手好きな性格なのか、伝統を大事にする人か、新しさや変化を大事にするのか、といった基準もあるだろう。これをサイコグラフィクスという（詳細は第7章参照）。こうしたデモグラフィクスやサイコグラフィクスを用いて、誰をターゲティング（Targeting）するのかを決めなくてはならない。

　たとえば、アイが喜びそうな化粧品ブランドは、当然、父のヒロシや弟のショウタをターゲットとはしないだろう。男は基本的には化粧をしないからである（ただし、男性でもスキンケアをする人は多いし、最近ではメイクアップをする人もいるようだ）。さらには、母のユミコにとって、このブランドは「若すぎる」ブランドかもしれないから、ユミコをターゲットとはしないだろう。こうして考えると、この化粧品ブランドは20代の女性というデモグラフィクスによって絞られたターゲットを狙っているようである。しかし世の中にたくさんの若い女性向きの化粧品ブランドがあることを考えると、同じ20代女性でもアイが愛用するブランドを、好まず使わない人もいるだろう。ファッションの好みなどが違うからである。これは、デモグラフィクスが同じでもサイコグラフィクスが違えば、ターゲットが変わってくるということである。

　しかし他の会社と同じようなモノを提供しても売れないので、他の会社にはない特色を、その製品に持たせる必要がある（ポジショニング：Positioning）。なぜならば、同じようなものを売ったら、価格を安くしなければ売れなくなる、すなわち価格競争に陥るからである。

　STPが決まったら、ターゲットとなるお客さんが喜ぶ4Ps、すなわち製品（Product）、価格（Price）、流通（Place）、コミュニケーション（Promotion）を設定する必要がある。お客さんが欲しい製品を、適切な値段で提供すべきである。さらにお客さんに製品の良さをコミュニケーション（たとえば広告）して、実際に手元に届けるまでの流通経路を確保する必要がある。これら4つのPの間には一貫性がなければならない。また、STPに相応しい4Psが設定されるという意味で、適合性がなければならない（**図1－4**）。

　以上からわかるように、消費者行動論は、マーケティングにとって大事である。なぜならば、ターゲットである消費者が何を欲しがっているのかを理解していないと、適切なSTPと4Psを設定できないからである。お客さんが欲しがっている内容を、マーケティングでは、ニーズとウォンツという。たとえば、のどが渇いたというのは、ニーズである。一方、ウォンツは、具体的にサントリーのウーロン茶が

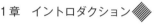

Column 1 – 1

マーケティング近視眼

　マーケティングでもっとも有名な小話は、おそらく「マーケティング近視眼」だろう。「近視眼」とは、目先のことだけにとらわれて、本質を見いだせなくなっている、という意味である。マーケティング近視眼ということばを考えたのが、セオドア・レビットという昔のアメリカのマーケティング学者である。

　第二次世界大戦後のアメリカでは、映画を観に行く人がどんどん少なくなり、映画産業は危機を迎えていた。というのも、テレビが普及したからである。無料で見ることができるテレビが、映画のお客さんを奪ったのである。これについてレビットは、映画業界はマーケティング近視眼に陥っていると批判した。つまり、映画業界は、「自分たちは映画を作っており、競争相手は他の映画会社である」と考えていたのである。しかし実際には、映画業界は映画を作っているのではなく、エンタテイメント（娯楽）を作っている。エンタテイメントの他の競争相手、すなわちこの場合はテレビが普及すると、映画と映画の競争ではなく、映画とテレビの競争になるのである。自分のビジネスの定義が映画という狭いものだったため、思わぬ競争相手に客を取られた、というのである。

　これは今日でもよく見られることである。今では、たとえば、電車内で新聞や雑誌を読む人はほとんどいない。スマートフォンをいじっている人が多い。これは「電車の中での暇つぶし市場」でスマホが新聞や雑誌のお客さんを奪っている、ということである。新聞・雑誌とスマホは、技術的にもまったく違い、業界もまったく異なる。しかし両者は電車の中では競合する関係にあるのである。さらに言えば、電車の中吊り広告やテレビ（トレインチャンネル）もまた、「暇つぶし市場」で競合していることもわかるだろう。

　映画ではなくエンタテイメント、雑誌ではなく暇つぶし、という見方をするためには、消費者行動について深い理解が必要である。消費者行動論を学ぶことで、消費者が本当に何を欲しがっているのか、ということが見えてくる。結果として、マーケティング近視眼を避けることが可能になるだろう。これについて興味がある人は、姉妹書の『1からのマーケティング（第4版）』第1章を読んでみよう。

飲みたいとか、コカ・コーラが飲みたいといった具体的なレベルである。以下の章で紹介する消費者行動論のさまざまな道具（理論や概念）は、こうしたニーズやウォンツを捉える上で役に立つものが多くある。

5 社会的存在としての消費者（第Ⅲ部）

　以上のように消費者には、「個人としての消費者」としての側面がある。これについては第Ⅰ部で論じて、第Ⅱ部では、こうした個人としての消費者に対する企業のマーケティングについて考える。しかし消費者には、もう１つの側面がある。それが「社会的存在としての消費者」である。この側面については、第Ⅲ部で論じる。

　わたしたちは、「美女と野獣」の野獣のように森の中の城で暮らしている孤独な人間ではない。家族や友人、職場の人たちなど、いつも誰かと一緒にいるため、そうした人たちから影響を受けることが多い。人間は「社会的動物」であるとアリストテレス（古代ギリシャの哲学者）が言っている。人から影響を受けたり、あるいは人に影響を与えたりするということを、わたしたちは毎日の生活でしているからである（図1−5）。

　たとえば、父のヒロシは、一人でランチを食べたり一人で飲んだりするときよりも、誰かと一緒にいるほうが、気前よくお金を使っている。楽しい気分になると、ついつい財布の紐が緩むということもあるだろうが、それ以上に、同僚や部下からケチな男だと思われたくないからという理由もあるだろう。第10章を読めば、ヒ

【図1−5　社会的存在としての消費者】

ロシのそんな心の機微がよく見えるだろう。わたしたちは、現実の自己と理想とする自己があり、前者が後者に近づくように努力しようとする。たとえば印象管理（インプレッション・マネジメント。他人から自分がどう見られているのかを意識的にコントロールしようとすること）がその好例だろう。ヒロシは、人との会食でのお金の使い方を通じて、印象管理を行っているのである。

　母のユミコは、同窓会で恥をかかないようオシャレにがんばろうとしている。久しぶりに会う旧友に負けたくないという意識があるからである。これは第13章で論じる「見せびらかしの消費」に関わる消費者行動である。見せびらかしの消費とは、お金持ちであるとかオシャレであるといったように、自分が他の人よりも優位であることをアピールすることを指す。バブル時代の若い時の競争意識が、いまだに残っているのである。

　姉のアイは、ジロリアンであることを職場でひた隠ししている。職場での自分の良いイメージを壊したくないからである。特に「女子力が下がる」ことをアイは気にしている。ラーメン二郎や家系ラーメンのようなラーメンは明らかに女子らしくない食べ物だからである。パンケーキといったスイーツは女子っぽい、牛丼やラーメンは男子っぽい、というイメージを私たちは共有している。これは、第10章で論じる「性役割」である。

　弟のショウタは、オタクの間で「陰キャ」自慢をすることで、逆に仲間としての一体感を生み出しているようである。コミケで同人誌を買うという行動も、どのアニメやマンガの二次創作なのか、ということによって、自分がどれほどオタクなのかをアピールしているようである。これは第12章で説明する「準拠集団」に関わることである。準拠集団には、自分が属している集団（オタク）と、自分が差別化したい集団（オタク趣味に無理解な人たち）、自分が同質化した集団（オタクを極めた人たち）がある。こうした集団との影響関係に、ショウタはさらされているのである。さらに言えば、オタク同士の情報交換や助け合いに見られるギブアンドテイクの関係は、第15章で詳しく学ぶ。

　この4人に共通しているのは、こうした消費者行動をとる際に、「誰か」の視線を気にしているということである。こういったことは、動物にはない人間的な特徴である。だからこそ「社会的」動物と呼ばれているのである。実際、「美女と野獣」の野獣でさえ、ルミエールという召使いがいたのである。人間は、一人で生きられないだけではなく、他人とのやりとりの中で生きることが宿命づけられた動物なのである。こうした影響関係に置かれた消費者を、この教科書では「社会的存在とし

Column 1 - 2

家計調査から見た家計の現状

　小石川家のような家族の消費はどのように行われているのか。こうした事実を把握するのに、いちばん簡単で効果的なのは、政府がつくっている統計データを見ることである。具体的には、総務省が行っている「家計調査」という統計データである。2018年のデータによると、勤労者世帯の可処分所得は、およそ45万5千円であり、そのうちおよそ31万5千円を消費に費やしている。うちおよそ7万5千円強が食費に使われている。一方、消費に費やさなかったお金は14万円あり、それらは貯金や保険に回っている（https://www.stat.go.jp/data/kakei/2018np/gaikyo/pdf/gk01.pdf、p.12）。

　この数字を見て、小石川家の消費者行動をイメージして欲しい。もちろん、この数字は小石川家の家計をそのまま表しているわけではない。たとえばアイは家族と一緒に住んでいるが、自分の給料をもらっているから、家にお金を入れているかもしれない。

　この教科書では、消費者行動を理解するための理論や概念を紹介する。これらの道具立てを学んだときに、気をつけて欲しいのは、具体的な消費者のイメージを常に抱く、ということである。ある道具（理論や概念）が注目している具体的な消費者行動は何なのだろうか？　このことをいつも意識することで、教科書の内容について腑に落ちた理解ができるだろう。そのために、こうした既存のデータは大いに役に立つはずである。

ての消費者」と呼んでいる。この「社会的存在としての消費者」は、第Ⅲ部でさまざまな角度から議論される。またそのマーケティングへの展開についても第Ⅲ部で考えよう。

6 本書の構成

　最後に、この教科書の構成を説明しよう（**図1-6**）。3部構成である。第Ⅰ部では「個人としての消費者」、第Ⅱ部では「個人消費者へのマーケティング」、第Ⅲ部では「社会的存在としての消費者」について学ぶ。

【図1-6　本書の構成】

I　個人としての消費者	第1章　イントロダクション：みんな生まれつき消費者だ！
	第2章　知覚：人の数だけ現実は存在する？
	第3章　学習：人間はしょせんパブロフの犬か？
	第4章　記憶：思い出は美化される？
	第5章　態度：好き嫌いは、どのように生まれるのか？
	第6章　意思決定：なぜそれを買ったのか？

II　個人消費者へのマーケティング	第7章　セグメンテーション：なぜ人の好みはこんなにも違うのか？
	第8章　コミュニケーション：どのように納得させるのか？
	第9章　店頭マーケティング：売れるお店はどうやってつくる？

III　社会的存在としての消費者	第10章　アイデンティティ：消費で自己表現をしている!?
	第11章　家族：小石川家の買い物は誰が決めているのか？
	第12章　集団：なぜ友人同士の服装は似てしまうのか？
	第13章　ステイタス：なぜモノが集団のシンボルになるのか？
	第14章　サブカルチャー：日本人は全員納豆好き？
	第15章　文化：聖地巡礼も消費者行動？

 第I部　個人としての消費者

　「第I部　個人としての消費者」は、第1章から第6章までである。消費者の個人的側面に着目した理論や概念を紹介する。「第1章　イントロダクション：みんな生まれつき消費者だ！」は、この教科書のイントロダクションである。

　次の「第2章　知覚：人の数だけ現実は存在する？」では、五感を通じて刺激がどのように取り込まれているのかを見ていく。家族で散歩をしていても、4人それぞれの五感が取り込むものは違うはずである。ヒロシはマッサージ屋が気になるだろうし、ショウタは新作アニメの看板広告が気になるだろう。こういった知覚の選択性といった問題などを論じる。

　「第3章　学習：人間はしょせんパブロフの犬か？」では、人間の学習について学ぶ。ここでいう学習とは、いわゆる勉強のことではなく、行動の変化のことを指す。人間の学習には、パブロフの犬のような「条件付け」があることを確認していく。

第Ⅰ部　個人としての消費者

　「第4章　記憶：思い出は美化される？」では、取り込まれた刺激がどのように記憶として定着するのか、ということを考える。人間は五感を通じて多くの刺激を受け入れるが、その中で記憶として定着するものはごく一部である。この記憶のメカニズムについて考える。

　「第5章　態度：好き嫌いは、どのように生まれるのか？」では、個々人の「好き・嫌い」や「良い・悪い」などの評価、すなわち態度が、どのようにして出来上がるのか、という問題を考えてみたい。消費者の思い入れやこだわりや関心、すなわち関与についても見る。

　「第6章　意思決定：なぜそれを買ったのか？」では、購買意思決定プロセスについて学ぶ。購買の意思決定には、一般的に5つの段階があることを1つずつ見ていく。

第Ⅱ部　個人消費者へのマーケティング

　「第Ⅱ部　個人消費者へのマーケティング」は、第7章から第9章まである。マーケティングの具体的な工夫について学ぶ。

　「第7章　セグメンテーション：なぜ人の好みはこんなにも違うのか？」では、人によってこだわりが違うという問題に着目する。同じような年齢や年収であっても、お金の使い方が違うのはよくあることである。これは、個人の特性が違うからである。その違いを見る枠組みについて見ていく。

　「第8章　コミュニケーション：どのように納得させるのか？」では、消費者に買ってもらうためにどのように説得すべきか、という問題を考える。マーケティングとは、言い換えるならば、消費者に購買をしてもらうための説得プロセスであると言える。どのような説得の仕方が効果的なのか、という問題を考えていく。

　「第9章　店頭マーケティング：売れるお店はどうやってつくる？」では、小売店舗内での販売促進など状況要因が購買意思決定にどのような影響を及ぼしているのか、という問題を考える。たとえば、ユミコが食品スーパーで買い物をする際に、棚のレイアウトや品揃えなど、どのような要因から影響を受けるのか、といった問題を考える。

◈ 第Ⅲ部　社会的存在としての消費者

　「第Ⅲ部　社会的存在としての消費者」は、第10章から第15章まである。消費者の社会的側面に着目した理論や概念を紹介する。

　「第10章　アイデンティティ：消費で自己表現している？」では、自分らしさと消費はどのような関係なのか、という問題を考える。消費者行動を用いて、自分を理想的な自己に近づけるということやアイデンティティを表現するといったことは、この章で考えるべき問題である。

　「第11章　家族：小石川家の買い物は誰が決めているのか？」では、夫婦など家族では購買意思決定についてどのような役割分担をしていたのか、といった問題を考える。小石川家の冷蔵庫の購買のように、ユミコに一任される場合もあれば、夫婦が相談して決める場合もあるだろう。またこうした親の様子を見て、子供たちが夫婦の消費者行動について学んでいくこともあるだろう。こういった問題をこの章で取り扱う。

　「第12章　集団：なぜ友人同士の服装は似てしまうのか？」では、クチコミなど集団において発生する影響関係について検討する。準拠集団の影響関係や、オピニオンリーダーの影響力について検討をする。

　「第13章　ステイタス：なぜモノが集団のシンボルになるのか？」では、自分の地位や優位性をアピールするための消費について考える。見せびらかしの消費、流行のメカニズムなどが検討される。

　「第14章　サブカルチャー：日本人は全員納豆好き？」では、サブカルとかエスニシティといった問題が消費者行動にどのように影響を及ぼすのかを考える。こうした問題は、ステレオタイプという問題にも密接に関わっていることがわかるだろう。

　「第15章　文化：聖地巡礼も消費行動？」では、神聖化された消費や贈り物など、文化的な消費者行動について学ぶ。たとえば「聖地巡礼」といった消費者行動を分析するための理論や概念を紹介する。

7 おわりに

　この章では、個人としての消費者（第Ⅰ部）、個人消費者へのマーケティング（第Ⅱ部）、社会的存在としての消費者（第Ⅲ部）というこの教科書の流れに沿って、消費者行動についての基本的な理解を得た。

　間違いなく言えるのは、どのようなビジネスにもお客さんがいる、ということである。お客さんのニーズやウォンツを理解していないと、自分が売っているモノやサービスを買ってもらえないし、満足もしてもらえない。たとえ買っても満足してもらえないと、次にまた買ってもらうことができない。その意味で、消費者行動論は、マーケティングに不可欠なものである。これからの章では、その上で役に立つさまざまな道具を紹介していこう。

❓考えてみよう

① 　最近、自分が行った消費者行動を1つ取り上げて、購買・使用・処分に分けた上で、それぞれについて考えてみよう。

② 　周りの人の消費者行動を観察して、「個人としての消費者」と「社会的存在としての消費者」の具体的な例を考えてみよう。

③ 　消費者行動をよく理解したためヒットしたと思える商品の例を、新聞や雑誌などで調べてみよう。

参考文献

マイケル・R・ソロモン（松井　剛（監訳）、大竹光寿、北村真琴、鈴木智子、西川英彦、朴　宰佑、水越康介（訳））『ソロモン　消費者行動論』丸善出版、2015年。
石井淳蔵、廣田章光、清水信年（編）『1からのマーケティング（第4版）』碩学舎、2020年。

次に読んで欲しい本

☆わたしたちがいかに他人からの影響を受けている社会的存在であるということを

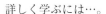

詳しく学ぶには…。

エリオット・アロンソン（岡　隆（訳））『ザ・ソーシャル・アニマル：人と世界を
読み解く社会心理学への招待』サイエンス社、2014年。

☆服を買うときの男女の行動の違いなど、お店の中でのお客さんの行動について詳
しく学ぶには…。

パコ・アンダーヒル（鈴木主税、福井昌子（訳））『なぜこの店で買ってしまうの
か：ショッピングの科学』ハヤカワ・ノンフィクション文庫、2014年。

第1章

第2章

第3章

第4章

第5章

第6章

第7章

第8章

第9章

第10章

第11章

第12章

第13章

第14章

第15章

第2章

知　　覚
──人の数だけ現実は存在する？

1 はじめに

　皆さんは「モスキートサウンド」が何かご存じだろうか。これは、若者にははっきりと聞こえるが、聴力が次第に衰える大人には聞こえないとされる高周波数の音である。物理的には同じ音が耳に伝達されているにもかかわらず、それを感知できる人とそうでない人がいるのである。インターネットで検索すると簡単にモスキートサウンドを体験できるので、皆さん、ぜひ試してみよう。

　このようにある刺激を感知したり、感知できなかったりすることは、私たちの消費者行動でも常にあることだ。たとえば、スーパーマーケットで同じ場所を通るにもかかわらず、ある人はそこにどのような商品が陳列されているかに気づき、細かく覚えている反面、他の人はそこに並んでいる商品のカテゴリーが何であったかさえ気づいていない。また、同じ人でも、ある広告については広告ストーリーまでよく覚えている一方、別のある広告については登場製品が何であったかすら覚えていないこともある。さらに、同じ食べ物を食べたり、同じ製品を試しても、それらに対する評価は個人によって大きく異なることもよくある。

　この章では、私たちが消費者行動をとるとき、製品やそれに関連する情報を「知覚」する4つのプロセス（露出、注意、組織化、解釈）について学ぶ。

2 交換留学生が小石川家にやってくる！

　弟のショウタが所属している大学のゼミナールに外国の提携大学から2人の学生が短期留学に来た。インド人のラジー君とサウジアラビア人のモハンマド君だ。日頃から異文化交流に興味があったショウタとその家族はこの話を聞いて彼らを自宅に招いて夕食をごちそうすることにした。初めて外国人を家に呼ぶということもあり、どのように彼らをもてなすかということを考えると少し心配になってきた家族たち。

　そこで、家族会議を開いて当日の夕食について話し合うことにした。自分の料理が彼らの口にあうか、洋食を用意したほうがよいのかなど、何と言っても母のユミコが一番心配そうだ。そんなユミコを見ていた姉のアイが、「せっかく日本に来て、

日本の家庭で食事をするのだから、やはりお母さんの家庭料理を味わってもらうのがイイんじゃない」という意見を言った。ショウタや父のヒロシも、もちろん賛成だ。ラジー君と、モハンマド君もショウタと同じ年頃の男の子だし、おそらく食欲旺盛であることを考えると、肉料理が良いのではという話になった。

「お母さんの作るすき焼きは本当においしいから、すき焼きで良いよね」とヒロシがアイデアを出した。しかし、以前インド旅行をしたことがあるアイは、「インド人の多くはヒンドゥー教徒だし、この宗教では牛は聖なる動物とされているよね。ラジー君、牛肉を食べないんじゃない？」と心配。ユミコは「牛肉がだめなら、豚しゃぶはどうなの？」と返した。しかし、大学で比較文化論の講義を聴いたことのあるショウタは、「確かにお母さんが作る豚しゃぶはヘルシーだし、とってもおいしいけど、サウジアラビア人のほとんどはイスラム教を信じているから、今度はモハンマド君が食べられないかも」と不安げだ。ラジー君もモハンマド君も食べられる料理は何かと考え込む家族。鶏肉料理も候補に挙がったが、調べてみると、どうやらイスラム教では、鶏肉であっても宗教上のルールに従った加工方法による肉でないと食べることができないことがわかった。悩んだ末に、夕食の料理に決まったのは、「あじと野菜の天ぷら」だった。

ショウタの家族にとって、また多くの日本人にとって「おいしい」料理であるはずの「すき焼き」と「豚しゃぶ」。しかし、全く同じ料理であっても、異なる文化圏で暮らしてきたラジー君とモハンマド君にとってこれらの料理は「おいしい」料

【図２－１　ラジー君とモハンマド君に食べさせるメニューについて悩む小石川家】

理ではなく「禁忌（タブー）」の料理として知覚されるかもしれないのである。

3 露出・注意

　知覚とは消費者が外部刺激を受け取り、その情報に意味付けをするプロセスである。こうした知覚のおかげで、私たちは、店頭で必要とする製品を見つけ出したり、また初めて見る新製品であってもそれがどのような用途に使われるのかを理解できるのである。

　図2-2に示すように、知覚は「露出」「注意」「組織化」「解釈」という4段階のプロセスからなる。最初のステップである露出は、消費者が外部刺激に接触する状態である。つまり、音やにおいなどにさらされることである。2つ目の注意は、接触した外部刺激を処理するために消費者が物事の識別や評価に必要となる認知能力を特定の刺激に集中させることである。つまり、特定の刺激に注目することである。3つ目の組織化は、取り入れた個別の刺激要素を1つのまとまりとして統合することである。つまり、さまざまな刺激を全体としてのまとまりにすることである。最後のステップである解釈では、組織化された刺激に意味付けがなされ、外部刺激が何かを消費者が理解できるようになる。つまり、まとまりを持った刺激の意味を納得することである。本節では、こうした4段階の知覚プロセスのうち、まず露出と注意について学んでみよう。

◆　露　　出

　露出とは、外部刺激（光や色、音、におい、味、触感など）が私たちの感覚器官（目、耳、鼻、口、皮膚など）に取り込まれることである。人の感覚器官は膨大な

【図2-2　知覚プロセスの概要】

Column 2 - 1

丁度可知差異とマーケティング戦略

　「丁度可知差異」は、実は多くのマーケティング戦略に活用されている。価格設定では、どれぐらい値上げや値下げをすればよいかといった意思決定が重要となることが多い。値上げの場合には、消費者の心理的負担や抵抗感を和らげるために、丁度可知差異の範囲内で価格を上げることが望ましい。

　一方、値下げの場合には、割引感を高めることが重要なので、丁度可知差異を超えるほどの割引が必要となる。製品そのものの製造や開発についても丁度可知差異は重要となることが多い。原材料などの高騰によって製造原価が上昇したものの、価格は据え置きにしたい場合、食品メーカーがよくとる戦略の1つが、食品のサイズを小さくしたり、容量を減らすことである。こうしたサイズの縮小や容量の減量は消費者にとって望ましい変化ではないため、丁度可知差異の範囲内で行ったほうがよいであろう。

　パッケージやロゴのリニューアルにおいても丁度可知差異は重要である。時間が経つにつれ、ブランドのイメージは古臭くなる側面がある。したがって、こうした問題を防ぐために企業はパッケージやロゴなどをリニューアルすることで、ブランドの若返りを行うことがある。ここで大事となるのは、今まで築いてきたブランドの価値やイメージを維持しながら、新しさや若々しさを取り入れるということである。

　こうした目的からパッケージやロゴをリニューアルする場合には、丁度可知差異を考慮しながら、その範囲内でこれらの要素に変化をもたせることが必要である。**写真2-1**をみると、チョコボールのパッケージのキョロちゃんが時代によってどのようにリニューアルされてきたかが一目でわかる。たとえば、1967年と2013年のキョロちゃんを比較すると大きな変化を感じるが、1967年と1972年のキャラクターを比較してみると、ほとんど変化が感じられない。この

【写真2-1　チョコボールのパッケージのキョロちゃん】

| 1967年 | 1972年 | 2004年 | 2010年 | 2013年 |

写真提供：森永製菓

事例からは、丁度可知差異を考慮し、その範囲内でのキャラクターのリニューアルを繰り返すことで、消費者に違和感を感じさせることなく、ブランドイメージを刷新してきたことがわかるであろう。

数の外部刺激を取り込むことができるが、取り込まれたすべての刺激を私たちが感知できるわけではない。ある程度の強さがないと私たちはその刺激に気づくことができないのである。たとえば、皆さんがアパレルショップの店内で商品を見渡す時、目立つ場所に飾られている蛍光色のＴシャツにはすぐ気づくはずである。しかし、片隅に飾られているベージュ色の地味なＴシャツは、それが皆さんの視野に入っていたとしても、その存在に気づかない可能性が高いのだ。

　このようにある刺激が私たちの感覚器官によって感知されるために必要とされる最小限の刺激量を「閾値」と呼ぶ。閾値には「絶対閾」と「弁別閾」の２つがある。

　絶対閾は、ある特定の外部刺激の感知にかかわる刺激量である。たとえば、スーパーマーケットに買い物に行ったとき、棚から１ｍ離れたところからはどんな商品が棚に並んでいるかが容易にわかるが、100ｍ離れたところでは、棚にある商品が何かを識別することは困難であろう。これは、距離が遠くなることで、商品に関する視覚的な刺激量が絶対閾を下回ってしまったからである。

　一方、弁別閾は、ある刺激の変化もしくは異なる２つの刺激の違いを識別するために求められる刺激量の差である。こうしたことから、最小の弁別閾は「丁度可知差異」とも呼ばれる（Column 2 - 1）。たとえば、ＡブランドとＢブランドのノートパソコンの重量を比較するとき、Ａが1,000ｇでＢが3,500ｇの場合には、２つの重さの違いを容易に感知することができるであろう。しかし、Ｂが1,050ｇであるとしたら、ＡとＢの重量の違いを感知することは難しいであろう。これは２つのパソコンの重量の違いが丁度可知差異に達してないからである。

　こうした丁度可知差異と刺激量の関係を説明する理論として、ドイツの心理学者エルンスト・ウェーバーによって提唱された「ウェーバーの法則」がある。この法則によれば、刺激量が増えるほど刺激間の差異を感知する能力が低下する。そのため、刺激量が大きくなればなるほど、刺激間の違いを感知するためにはより大きな丁度可知差異が必要となる。ある研究によれば、消費者が値下げによるお得感を認識するためには少なくとも20％の割引が必要であるという。このように考えると、消費者が値下げによるお得感を感じるためには、1,000円の製品では200円の値引きが必要である一方、100万円の製品の場合では、200円では値引きの効果が

見込めず、少なくとも20万円の値引きが必要となる。

 注　　意

　注意は、感覚器官に取り込まれた刺激に情報処理能力を割り当てることである。情報処理とは、簡単にいうと物事に対する判断や評価を行うための認知活動のことである。人間には限界があるため、取り込まれたすべての刺激を処理することはできない。そのため私たちは、個人にとって重要なものや、注目しやすい刺激のみを選び、その刺激に情報処理能力を集中させるのである。このように一部の刺激のみに注意を向けることを選択的注意という。いわゆる、カクテルパーティ効果は、その代表例である。これは、パーティ会場のようにたくさんの人が雑談をしている騒然とした状況でも、自分の名前や自分が興味のある内容の会話などを聞き取ることができることである。

　個人がある刺激に注意を向ける程度は、個人要因と刺激要因の2つによって決まる。個人要因としては、刺激に対する個人の関心が強いほど（たとえば、自動車マニアにとっての車）、刺激が個人の自己認識や自己イメージと関連しているほど（たとえば、新社会人にとってのスーツ）、また、刺激が物事に対する自分の考え方に合致しているほど（たとえば、環境保全が大事であると考える人にとってのエコ製品）、刺激に注意を向ける程度が強まる。

　一方、注意に関する刺激要因としては、刺激のサイズが大きいほど、目立つ色であるほど、また、動きがあったり、珍しいほど（たとえば、駅前の大型ビジョンや大きな看板）、また、情緒性が高い刺激（たとえば、広告業界で3Bと呼ばれる、美人（Beauty）、赤ちゃん（Baby）、動物（Beast））ほど注意を向けやすくなる。なお、個人要因や刺激要因は、第5章で説明する「関与」とも関連するので、参照のこと。

4 組　織　化

　組織化とは、注意を向けた刺激を理解するために、刺激の部分要素を1つのまとまりとして統合することである。私たちはある人を見るとき、その人が美人かそうでないのかを瞬時に判断できるが、これはその人の目、鼻、唇、輪郭などの部分要

素を１つのまとまりとして知覚するからである。これと同様に製品に関わる知覚でも組織化の原理が働く。たとえば、消費者が自動車を見たとき、それが車だとわかるのは、タイヤ、車体、フロントガラス、ハンドルなどの部分要素を１つのまとまりとして組織化しているからである。また、あるCMを見たときの印象は、提示製品、登場人物、背景シーン、BGMなどの広告表現要素が全体として統合された結果である。

　こうした組織化の原理は、20世紀初頭にドイツで始まったゲシュタルト心理学という学問分野で研究されてきた。ゲシュタルト（Gestalt）とはドイツ語で全体的な形態やパターンを意味するが、ゲシュタルト心理学者は、「全体はその部分の総和より大きい」という観点から、刺激を構成する要素を個人がどのように１つのまとまりとして知覚するかを研究してきた。また、この研究者たちによれば、人は対象に対してできるかぎり簡潔で完全な知覚を求めており、こうした知覚メカニズムは無意識的なものであるという。

　ゲシュタルト心理学者が発見した組織化の原理には、近接の法則、類同の法則、閉合の法則、図と地の法則などがある。

　まず、近接の法則とは、異なる間隔で刺激要素が並べられているとき、近くにある要素同士が１つのグループとして知覚されることである。**図２－３の①**を見ると、丸と四角は異なる要素であるにもかかわらず、互いに近接しているため、縦に１つのグループとして知覚されやすいことがわかる。たとえば、普通のビールとノンアルコールのビールテイスト飲料といったようにそれぞれ異なる商品カテゴリーであっても、それらの商品が店頭で近接して陳列されていると、消費者はそれらを同じカテゴリーとして見なすことが多くなるであろう。また、この法則を考慮すると、広告において商品の印象を高めるために使用するイメージ（たとえば、芸能人や綺麗な景色の画像など）は商品と近接して配置したほうが望ましいといえる。

　次に、類同の法則とは、類似した要素が１つのグループとして知覚されることである。**図２－３の②**をみると、丸と四角はそれぞれ横列に１つのグループとして知覚されることがわかる。スーパーマーケットに行くと、スナック菓子や飲料などの商品でメーカーが違うにもかかわらずパッケージが似ていることを見たことがあるだろう。あるメーカーの商品が人気を集めると、競争関係にあるメーカーはそれと類似のパッケージを採用した模倣商品を発売することで人気に便乗しようとすることがあるが、これは類同の法則を用いたマーケティング戦略であるといえる。

　閉合の法則とは、刺激の一部が欠けている場合でも、その刺激をできる限り完全

【図2－3　ゲシュタルト心理学が発見した組織化の原理】

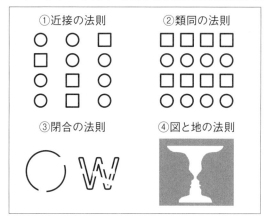

な対象として知覚しようとすることである。**図2－3**の③をみると、刺激の一部が欠けているにもかかわらず、私たちはこれらを図形の円や文字のWとして知覚することができる。消費者は完全な刺激よりも不完全な刺激に注意を向けやすく、広告のストーリーが1つの広告内で完結する完結型の広告よりも未完結型の広告に対する記憶率が高いという。たとえば、「続きはWEBで！」といった未完結型の広告は消費者の注意を高めるために閉合の法則を用いた手法であるといえる。

　最後に、図と地の法則とは、私たちがある刺激を組織化するとき、その刺激を目立つ主要部分（図）とそうでない従属部分（地）の2つに分けて知覚しようとすることである。**図2－3**の④は、デンマークの心理学者エドガー・ルビンが考案した「ルビンの壺」と呼ばれる多義図形である。この図形は、黒い部分を図、白い部分を地として捉えると向き合った2人の顔に見える。一方、白い部分を図、黒い部分を地として捉えると今度は大きな壺に見える。こうした図と地の法則は、たとえば、広告に用いる背景イメージや芸能人の選定に示唆がある。広告では、当然ながら、製品が図として知覚されるべきである。しかし、背景イメージや起用した芸能人の印象が強すぎると、これらが図として知覚される一方、製品は地として知覚されてしまう可能性がある。このような場合には、広告自体はよく覚えているが、そこに登場する製品が何であったかはよく覚えていないという本末転倒の問題が生じうる。

5 解　釈

　知覚の最後のステップである解釈は、組織化された刺激に意味を付与し、その刺激が何であるかを理解することである。解釈を行うために個人がとる主な知覚的対応には範 疇 化と推論がある。

範 疇 化

　範疇化は、組織化された刺激を個人が記憶に保持しているスキーマやスクリプトに関連づけることで当該刺激に意味付けをすることである。スキーマとは、ある特定の対象や目標の達成と関連してひと括りに連想される知識やイメージの集合であり、こうした集合は複数の階層構造を持っていると考えられている。先ほどのラジー君とモハンマド君の夕食招待の例でこうしたスキーマの特徴を考えてみると、まず、小石川家が夕食に出す料理を何にするかを考えることができたのは、家族全員が「食」に関するスキーマを持っているからである。さらに、おいしい料理としてすき焼きや豚しゃぶが挙げられたのは、これらの料理が「おいしい食事」スキーマを構成する知識となっているからだ。しかし、ヒンドゥー教徒にとっての牛肉料理やイスラム教徒にとって豚肉料理は、ラジー君やムハンマド君が持つ「おいしい食事」スキーマではなく、「食べてはいけない食事」スキーマと関連づけられることで、料理に対する解釈が日本人とは全く異なったものになってしまうのである。

　また、スキーマには変化しにくい固定部分と新しい経験や知識の習得などによって変化する可変部分があると考えられている。こうした２重構造によって、スキーマは刺激の解釈に用いられる一方、新しい刺激はスキーマの構造に絶えず変化をもたらすのである。

　たとえば、コーヒーが好きなある人の「コーヒー」スキーマを考えてみよう。コーヒー好きにとって、「コーヒーはおいしい」という考えは、時間が経っても変化しにくいスキーマの固定部分であろう。しかし、「コーヒーは健康に悪い」という考えは、コーヒーが健康に良いことを示す記事やニュースに接することで変わりうるスキーマの可変部分であるといえる。すなわち、コーヒーを飲んだり、コーヒーについて考えたりするとき、それを「おいしいが体には悪い」と理解していた

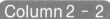

サブリミナル効果

第2章

　サブリミナル効果とは、絶対閾に達しないレベルの刺激を利用して、消費者の購買意思決定に、なかば無意識的な影響を与えることである。すなわち、消費者は刺激を感知していないが、消費者がその刺激から何らかの影響を受けるということだ。

　こうしたサブリミナル効果の最も有名な話に、ジェームズ・ビカリーというマーケティングリサーチャーが映画館で行ったサブリミナル広告の実験がある。ビカリーは1957年の夏、アメリカのニュージャージー州のドライブインシアター（車のなかから映画をみる劇場）で、『ピクニック』という映画の最中に、「コカ・コーラを飲め（DRINK COKE）」「ポップコーンを食べろ（EAT POPCORN）」というメッセージを3000分の1秒という観客には気付かれない極めて短い時間で5秒ごとに呈示した。この実験を6週間続けた結果、劇場のコカコーラは18.1%、ポップコーンは57.7%もの、売上増を達成したという。

　この実験結果が報告されると、サブリミナル広告は全米で大きな話題を呼び、こうしたマーケティング手法に対する社会的懸念が広がった。しかし、その後、アメリカの議会によって要請された追加実験で映画館実験と同様の結果が得られなかったことや、ビカリー自身が実験の不備に関する告白をしたことなどによって、サブリミナル広告に対する社会的不安は解消されることになった。

　今までの研究でわかっているのは、サブリミナル広告は空腹感や渇きといった感覚的側面にはある程度影響するが、特定のブランドに対する態度や購買にはほとんど影響しないということである。ただし、サブリミナル知覚に関する研究自体が少ないという問題もあり、サブリミナル効果については今後の研究で更なる発見があるかも知れない。

のが（既存のスキーマによる解釈）、健康に良いという情報によって「コーヒーはおいしいだけでなく体にも良い」といったように（既存のスキーマの変化）、コーヒーに対する解釈は変化するのである。

　一方、スクリプトは「時間的な順序」によって構成されるスキーマである。たとえば、私たちはレストランでどのように食事をするのかという一連の知識を持っている。それは、レストランに入る、ウェイターの案内でテーブルに座る、メニューを見て注文する、食事をする、お金を払って店を出るということであろう。スクリ

プトとは、本来、演劇で使われる台本を意味するが、順序的なスキーマがこのように呼ばれるのは、先ほどの例でみたように、レストランでとる一連の行動は、演劇で登場人物が台本に沿って決まった演技を順に演じることに類似しているからである。こうしたスクリプトのおかげで、さまざまな消費場面で、私たちはどのように行動すべきかを理解し、次に何が起きるかを予測できるのである。

◆ 推 論

推論とは、ある対象に対する解釈を、その対象に関連する既知の手がかりに基づく推理から求めることである。たとえば、パソコンに詳しくない人がパソコンを買おうとするとき、価格を拠り所にして「価格が高いパソコンは品質が良いであろう」と考えるのは、推論による解釈の典型例である。価格以外にも、消費者が製品に関する推論を行うときに用いる代表的な手がかりとしては、パッケージ（たとえば、高級感のあるパッケージであるほど高品質だと思う）やブランド（たとえば、有名ブランドであるほど高品質だと思う）、店舗イメージ（たとえば、お洒落な店であるほどお洒落な洋服をたくさん売っていると思う）、原産国（たとえば、日本製の製品は信頼できる）などがあげられる。こうした製品の手がかりに基づく推論は、製品が複雑であり、それを評価することが困難な場合や消費者の製品知識もしくは製品に関するスキーマが十分に形成されていない場合などに採用されやすい。

6 おわりに

本章では、消費者が刺激を取り込み、それに意味付けを行う「知覚」について学んだ。こうした知覚には4段階のプロセスがあることも確認した。それは、消費者は音やにおいなどにさらされ（露出）、特定の刺激に注目し（注意）、さまざまな刺激を全体としてのまとまりにし（組織化）、まとまりをもった刺激の意味を理解する（解釈）ことである。

日常の消費行動において私たちがこうした知覚プロセスを意識することはほとんどない。しかし、この心理的・生理的プロセスのおかげで私たちは製品や広告などに気づき、それらがどのようなものであるかを自然と理解することができるのである。また、企業にとっても、消費者の知覚プロセスを把握することは、製品に対す

る注目度や視認性を高めたり、適切なポジショニングを行うなど、効果的なマーケティングコミュニケーションの実行におおいに役立つ。

?考えてみよう

① 　私たちは、スーパーマーケットで、ある新製品をどのように知覚するようになるのかを 4 段階の知覚プロセスに沿って考えてみよう。

② 　メーカーや小売企業は製品に対する消費者の注目を高めるためにどのような工夫をしているのかを考えてみよう。

③ 　消費行動に対する解釈に大きな個人差が生じる例をいくつかあげ、なぜそのような解釈の違いが生まれるのかを考えてみよう。

参考文献

杉本徹雄（編）『新・消費者理解のための心理学』福村出版、2012 年。

田中　洋『消費者行動論体系』中央経済社、2008 年。

次に読んで欲しい本

☆パッケージなどの知覚とマーケティングとの関係を学ぶには……。

小川　亮『図解でわかるパッケージデザインマーケティング』日本能率協会マネジメントセンター、2010 年。

☆視覚と知覚のメカニズムを学ぶには……。

三浦佳世『知覚と感性の心理学（心理学入門コース 1 ）』岩波書店、2007 年。

第1章

第2章

第3章

第4章

第5章

第6章

第7章

第8章

第9章

第10章

第11章

第12章

第13章

第14章

第15章

第**3**章

学　習
──人間はしょせんパブロフの犬か？

1 はじめに

「学習」という言葉を聞いて「わあ、楽しそう」と思う人はそれほど多くないだろう。何かを学ぶことは楽しいことも多いが、嫌々行う試験勉強のようにつらいことも多い。

小石川家でも見られるこんな経験はないだろうか。大学でチャイムが鳴ると、いくら先生が前で熱心に話していても弟のショウタをはじめとした学生たちはそわそわしてしまう。ショウタたちがそわそわしだすと先生が空気を読んで「それでは続きは来週」と言ってくれる。

家では、母のユミコが子どもたちを叱ることがある。本気で叱っているときは必ず声のトーンが下がって「いい加減にしなさい」という。本気で叱られる姉のアイを間近で見て育っているので、ショウタは事前に察知して、ユミコの声のトーンが下がったらすぐに謝るようにしている。

これらはすべて皆さん自身の「経験」から「学習」していることである。学習の結果、皆さんは自身の行動を変えることで「早く授業が終わる」、「お母さんに叱られない」という「良いこと」をもたらすことがわかっているからこそ、行動を変えるのである。このように学習は私たち自身がこれまでの生活の中で、気がつかないうちに行っていることも多い。さらに学習は自分自身の経験だけではなく、他者の経験によって行われることもある。

この章では、学習のうち、「レスポンデント条件付け」「オペラント条件付け」「観察学習」について学ぶ。

2 アイの「できる先輩」デビュー

姉のアイは今年で社会人5年目。最近は重要な仕事も任されるようになってきた。新年度に入り、アイが勤める損害保険会社の所属部署には新入社員が配属される。

「後輩には仕事の出来る素敵な先輩に見られたいなあ。仕事もますますがんばらなくちゃ。よし！　気合を入れるためにメイクを変えてみよう！」

そう思い、仕事終わりに百貨店へ行くことにした。百貨店の化粧品フロアに入る

【図3‐1　化粧品売場でのアイ】

と、化粧品の甘い香りが漂う。各ショップのディスプレイはキラキラしている。実は今日、単純ミスをして5つ上のナオ先輩にものすごく叱られて落ち込んでいたのだ。でも終業後の疲れた顔の自分でも化粧品フロアに入っただけで、華やかな気分になる。

　せっかくなので、よく行くNARSやTHREEではなくてディオールのカウンターに行ってみることにした。ビューティーアドバイザー（BA）はアイと同じ位の年齢の女性だが、肌がとてもキレイな上、きっちりアップにした髪がきりっとした印象を与える人で信頼できそうだ。

　アイが、「春なので、新しいコスメを探しています。仕事でも使えて、今流行のポイントメイクの商品はありますか？」と聞くと、BAは「それなら」といくつかの製品を見せてくれた。いつもはリップグロスだけれど、「大人っぽいメイクにするなら口紅もいいですよ」とすすめられ、つけてみると意外と似合う。これなら、素敵な先輩に見られるかもしれない。それにあわせてアイシャドーはシンプルなブラウン系のものにし、この2つをセットで購入することにした。

　同時にBAはサンプルとして美容液をくれた。「20代後半からはこれまでとは違うケアが必要です。私も使っているのでよかったらぜひ試してみてください」と言われ、アイは少しあせった。

　「昨日は特に疲れていてメイクも落とさずに寝てしまったから、案の定今日の肌

の調子は最悪。ちょっと前まではこんなことなかったのに……」メイクアップだけでなくスキンケアから変える必要があるかもと思い、早速帰ってサンプルを使用してみることにした。

　翌日、肌の調子は美容液のおかげか、かなりよく、新しいアイシャドーと口紅で出勤した。お昼にナオ先輩がランチに誘ってくれた。入社してからずっと、いろいろなことを教えてもらったナオ先輩。仕事では厳しい半面、ランチに誘ってくれたように、いつも自分のことを気遣ってくれる。そうだ、私も後輩がきたらこんな先輩になりたい……そんなことを考えていると先輩が一言「あれ？　なんだか今日いつもと感じが違う。メイク変えた？」

　そこで話題は化粧品の話に……。ナオ先輩は仕事が出来るだけではなく、いつもオシャレでキレイ。昨日の仕事帰りにBAに相談をして、アイシャドーと口紅を購入したこと、サンプルでもらった美容液を使ってみたことを話すと、「私もディオールを使っているよ。ラインで使うととても肌の調子がいいよ」とのこと。そして、「30歳になる前から始めるほうがいいよ」と言われ、昨日のディオールのスキンケア製品を化粧水、乳液、美容液とフルラインナップで、あのBAから買おうと心に決めた。

3 レスポンデント条件付け

　学習とは、経験によって引き起こされる行動の永続的変化のことを指す。簡単にいうと、何らかの経験を通じて自身の行動を変えることである。皆さんもこれまでさまざまな経験から学んでさまざまな行動をとってきたことだろう。たとえば、小学生の頃に「夏休みの宿題は早めにやっておかないと大変なことになる」ということを経験から学んだ人もいるだろう。ここからは「学習」について行動学習理論と認知学習理論を基に学びたい。

　行動学習理論では、ある刺激とそれに対して起こる反応の間の対応関係に注目し、ある刺激が与えられると学習の結果、ある反応がもたらされると考える。したがって、刺激と反応の間にある人間の心の中の動きについては解明しようとせず、ブラックボックスのままとしている。たとえば、お手伝いをしてお小遣いをもらえた経験をした子どもが、「お手伝いをすればお小遣いをもらえる」ということを学ぶという場合、「お手伝い⇒お小遣い」という関係にのみ着目するだけである。その

子どもがどのように物事を認知し、どのような心理的な変容を経てお小遣いをもらえるのかには着目しない。

　行動学習理論が人間の心の中をブラックボックスとみなしていた一方で、認知学習理論では、人間の心理作用の重要性を強調している。たとえば「お手伝いをすればお小遣いをもらえる」ことを学ぶ場合を考えてみよう。

　弟のショウタはアイお姉ちゃんがお手伝いをしてお小遣いをもらっている場面を記憶の中に留めておき、自分もお小遣いを欲しいときには同じ行動をする。つまり、他の人の行動を観察し、その行動を記憶に留めて自分にとってその行為が役に立つ状況を認識するという図式である。このように刺激と行動の間で人間がどのような心理変容を遂げているのかに着目するのが認知学習理論である。

　この章では、行動学習理論の「レスポンデント条件付け」と「オペラント条件付け」、認知学習理論の「観察学習」について学ぶこととする。

　レスポンデント条件付け（古典的条件付け）とは、もともと反応を引き出す刺激がそれ自体では反応を引き起こすことのない別の刺激と対になったときに起こる条件付けのことである。この条件付けの名称が"respond"（「反応」という意）から来ていることからもわかるように、この考え方に基づくと消費者は受動的な存在であり、なんらかの刺激に無条件に反応する存在としてとらえられる（**図3-2**）。

　たとえば、私たちが梅干やレモンを食べると唾がでてくるというようにある刺激を基にした反応ではなく、梅干やレモンを見たりするだけでは、本来、酸っぱいわけではないのに唾がでてしまうというような、対になっていないはずの刺激によってある反応が起きるような現象を指す。

　これに関して有名な実験に、ロシアの研究者であるイワン・パブロフの行った通称「パブロフの犬」とよばれるものがある。この言葉自体は皆さんも聞いたことがあるかもしれない。

　これは、犬にベルの音を聞かせるのと同時に乾燥肉のパウダーを口の中に吹きかけるという行為を繰り返し行うと、犬はベルの音を聞くだけで唾液を分泌するようになるというものである。

　なぜ犬はベルの音を聞くだけで唾液が出るようになったのだろうか。それはベルが鳴ることで何かおいしいものがもらえることを犬が学習したからである。

　乾燥肉のパウダーのように反応を引き出す刺激のことを無条件刺激、ベルの音のようにそれ自体では反応を引き起こすことのない刺激のことを条件刺激と呼ぶ。レスポンデント条件付けがなされるとき、条件刺激（学習前は、厳密には中性刺激と

【図3-2　レスポンデント条件付け】

いう）と無条件刺激が同時に発生しそれが反復されることで学習され、条件刺激の
みが提示された場合も、反応が起こるようになる。この効果は、条件刺激と無条件
刺激を反復することによって現れやすいといわれている。さらに、先ほどのパブロ
フの実験では、その後に犬たちがベルに似た音を聞いた場合にも唾液が出るように
なることも明らかにした。これを刺激般化といい、ある条件刺激に似た刺激は同様
の反応を起こしやすいことを指す。

　アイの場合、これまでの経験から化粧品を使うことによって華やかな気分になる
という無条件刺激と使ったときの甘い香りといった条件刺激を反復し学習していた
（図3-2）。だからこそ、百貨店の化粧品フロアに入り、化粧品の甘い香りを嗅い
だだけで、化粧をしたときのような華やかな気分になったのである。

　レスポンデント条件付けを基にした学習の結果としての消費者の行動に対応する
ために、さまざまな企業のマーケティング活動が行われている。たとえば、百貨店
の化粧品売場で効率的に化粧品を売るための売場構成にするのであれば、化粧品の
甘い香りやキラキラしたディスプレイは必要ない。

　しかし売場に入ると化粧をしたときの華やかな気分になってもらい、化粧品への
好意的な態度をもってもらうには、消費者が知覚できるような刺激が必要である。
したがって、ディスプレイやパッケージ、ブランドロゴの見せ方に工夫を凝らし、
化粧品の香りが漂うような売場構成にしているのである。

4　オペラント条件付け

　オペラント条件付け（道具的条件付け）とは、何かしらの自発的行動の後、肯定
的な結果を得る、もしくは否定的な結果を避けることを通じて、そのような行動を

とることを学ぶという学習のことである。

　オペラント（operant）とは後述するバラス・F・スキナーが「操作する」という意味の"operate"を用いた造語だといわれている。レスポンデント条件付けとは異なり、ある状況を自身で意図的に操作することで行動変化をもたらすところから、この名前が付けられている。

　たとえば、あるブランドの洋服を身に着けていると友人に「センスがいいね」とほめられたので、ここ一番の洋服はそのブランドで購入する、反対にあるブランドの洋服を身に着けていた際に「そのコーディネートちょっと変じゃない？」「何だか老けてみえるよ」といわれたので、そのブランドの洋服は買わなくなる、といったような現象のことである。

　オペラント条件付けで有名な実験にスキナーの行った実験がある。彼はハトやネズミなどの動物を対象にある行為（スイッチを押すなど）を行うと報酬（エサ）が出てくるという仕掛けをつくり、動物を箱の中に入れて観察を行った。その結果わかったことは、動物はその仕掛けを通じてこの行動が望ましい結果を生み出すことを学習するため、同じ行為を繰り返すようになる、というものである。これを正の強化といい、何か良いことがあると同じことを行って同じ結果を得ようとするというものである。

　オペラント条件付けには正の強化以外にも、負の強化、罰、消滅がある。詳しくは**図3-3**の通りである。メイの例も含めて確認しよう。

　正の強化は、肯定的な出来事の結果、次の反応を強めるという場合を指す。その

【図3-3　強化のタイプ】

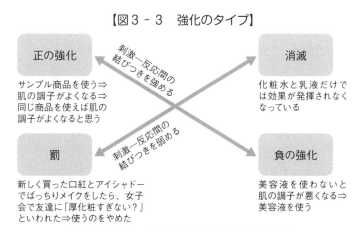

出所：ソロモン（2015）図3.1をもとに著者作成

結果、消費者は肯定的な結果をもたらす反応をとることを学ぶ。アイが百貨店のBAにカウンターでもらったサンプルの美容液を使用し、次の日に肌の調子が良くなるという効果を実感したことで、翌日同じ美容液を購入してみようと決める。

　負の強化は、否定的な出来事を取り除くことで、否定的な結果を避けようとする場合を指す。その結果、消費者は否定的な結果を避けられる反応をとることを学ぶ。アイは、美容液を使い始めると今度はそれを使わなければ肌の調子が悪くなることを実感する。そうすると美容液を欠かさず使うことによって肌の調子が悪くなることを避けようと思う。

　罰は、ある反応の後に起こる否定的な出来事を避けるために、その反応を弱めることを指す。その結果、消費者は罰につながる行動を避けようとする。アイは、新しく買った口紅とアイシャドーでばっちりメイクをしたら、女子会で友達に「厚化粧すぎない？」といわれたので、使うのをやめた。

　消滅は、肯定的な出来事が消滅することによって、次に起こる反応が弱まることを指す。その結果、消費者はいかなる反応も肯定的な結果を生み出さないことを学ぶ。アイは、これまでのような化粧水と乳液だけのスキンケアでは思うような効果が発揮されないと感じることによって、これまでのスキンケアの限界を感じる。

　オペラント条件付けにおいては、ある反応を得るために消費者が意図的に行動することが想定されており、無意識の反応を前提とするレスポンデント条件付けとはこの点で大きく異なる。さらに、オペラント条件付けはレスポンデント条件付けに比べて何らかの行動の結果として報酬を受け取ることが想定されているため、レスポンデント条件付けに比べて学習に時間がかかる。その代わり、自分にとって有益であるということを消費者が学習するならば、同じ行動を起こしやすくなる。

　さらに、レスポンデント条件付けは条件刺激と無条件刺激をセットにして学習させた上で、条件刺激が露出するような状況を作り出さなければ反応が得られない。よって、それはかなり限られた状況でないと実現しにくい。たとえばテレビCMで耳に残る曲を流し、製品のイメージとその曲を結びつけたとしても、その曲に消費者が触れる機会を作ることは簡単なことでないだろう。

　一方でオペラント条件付けの場合には、学習に時間がかかるものの、行動の結果が自身にとって有益である場合には、自ら行動を起こす。したがって、ある目的を達成させることが重要であるとマーケティング活動を通じて消費者に伝えることが出来れば思った行動をとってもらえる可能性は高まるといえよう。

　たとえば、「30歳を超えたら美容液を使わないと肌の調子が悪くなる」という

Column 3 - 1

「50人に1人当たるキャンペーン」のからくり

　皆さんは「○人に1人当たるキャンペーン」というのを一度は目にしたことがあるのではないだろうか。これはその名のとおり「応募者（もしくは対象者）の中から確実に当たりが出て景品がもらえます」というキャンペーンである。

　こうしたキャッチコピーを見ると「もしかしたら自分にも何か当たるかもしれない」という期待が高まり、その商品を買って応募したという経験がある人もいるだろう。

　さらに同じ景品がもらえるキャンペーンでも「商品券が当たります」「旅行が当たります」というよりも「50人に1人商品券が当たります」「100人に1人旅行が当たります」というほうが、応募意欲が湧くのではないだろうか。

　実はこのキャンペーンの裏側にあるのも学習の理論である。なぜこのキャンペーンが消費者にとって魅力的に映るのか、オペラント条件付け理論を使って考えてみよう。

　消費者はキャッチコピーを見ることで、「自分に報酬が与えられる」可能性を認識する。さらに「50人に1人」という具体的な数字を提示することによって、報酬という自分にとって嬉しい出来事（肯定的な出来事とその結果）が起こるかもしれないという期待が大きくなる。さらに一度外れたとしても、同じ商品を購入したくなる。なぜなら肯定的な出来事とその結果の起こる確率が明記されているので、極端にいえば50回応募すれば1回は当たるだろうと予測するからである。

　このように消費者への報酬がある一定の確率で確実に与えられることによって、消費者は購買意欲を刺激されるのである。

　他にも当たりの数を明記するケースも同様の学習プロセスである。たとえば、「抽選で10名様に商品券を差し上げます」といったキャンペーンがそうである。さらには、宝くじなども同じような仕組みといえるだろう。

メッセージを広告表現で訴求すると、アイと同年代で同じトラブルを味わった消費者は、そのブランドを購入したくなるだろう。

5 観察学習

　認知学習理論では、自身の状況を把握し能動的に問題解決を行う存在として消費者のことを捉えている。その問題解決を行う際の心理変容を捉えようとするのが、この理論の目的である。

　その代表的なものが観察学習である。観察学習とは、他者の行動を見て、その行動の結果、気がつくことを指す。簡単にいえば、「人の振り見て我が振り直せ」ということである。

　観察学習は①注意、②保持、③生産プロセス、④動機付け、⑤観察学習というプロセスを経て行われる（**図3－4**）。

注　　意

　はじめに観察対象の行動に注意を向ける（注意については第2章を参照のこと）。「人の振り見て我が振り直せ」の「人の振り見て」の部分である。この時点で消費者が能動的な存在として捉えられていることがわかるだろう。

保　　持

　対象の行動について記憶に保持する。保持とは、頭の中に留めておくということである。見たこと、聞いたこと、感じたことを記憶しておくプロセスである。「人の振りをおぼえておく」のがこの部分である。

生産プロセス

　自身がその行動をとる能力を持っているかどうか確認する必要がある。このプロセスを生産プロセスという。たとえば、人の振りを見ても、実際に真似できないこともあるだろう。「人の振りを見て、自分にも出来るかを確認する」のがこの部分である。

【図3－4　観察学習プロセスの図】

注　意　⟩　保　持　⟩　生産プロセス　⟩　動機付け　⟩　観察学習　⟩

出所：ソロモン（2015）図3.2をもとに著者作成

 動機付け

　行動をとることで自身をとりまく現在の状況が改善することを認識し、その行動をとろう、と思うことを動機付けという。「人の振りをみて、我が振りを"直そう"」と思うのがこの部分である。

 観察学習

　最終的に「人の振り見て我が振りを直す」すなわち観察対象と同じ行動を取るようになることを観察学習という。

　アイの場合、仕事ができておしゃれでキレイなナオ先輩がディオールのスキンケアをラインで使っていることを知って、自分も美容液だけでなく化粧水、乳液、美容液とすべてディオールに変えようと思うことがその一例である。あるいは、同い年くらいで肌の状態も、メイクも、ヘアアレンジも完璧なBAのメイクや肌の状態を見て、同じようなメイクアイテム、スキンケアアイテムを購入しようと思ったこともそうである。

　この観察学習が起こりやすいのは、対象の行動が自身にとって良い結果をもたらす場合に起こりやすい。アイのケースであれば、ナオ先輩やBAのように信頼できる大人の女性になりたいという希望がもともとあったため、この観察学習が促進されたといえるだろう。

　さらに、こうした消費者の行動をマーケティング活動に生かす場合には、以下の4点に気をつけるべきである。

　第1に、観察学習の対象は魅力的でなければならない。たとえば、化粧品の広告に綺麗な女優（スキンケアの場合は肌の綺麗な女優）が起用されるのは、消費者が思わず真似したくなるからである。ただし、アイのようにナオ先輩やBAのように自身と、より身近な存在が魅力的に映る場合もある。

Column 3 - 2

ファッション系YouTuberはなぜ魅力的か

　観察学習は、対象が自身にとって望ましい行動をとっている場合に起こりやすいことを、この章で学んだ。最近有名な「ファッション系YouTuber」は、その一例である。

　「ファッション系YouTuber」とはその名の通り、コーディネート、ひいては容姿やライフスタイルなどに対して顧客が魅力を感じるような人であり、その結果、高い動画再生回数とチャネル登録者数をもっている。

　視聴者は、ファッション系YouTuberを見て「あの人みたいになりたい」とそのコーディネート術を真似する。そのためには、紹介する服を購入する必要があり、それがファッション系YouTuberの広告収入につながる仕組みになっているのである。

　観察学習では、対象が魅力的であることが重要である。魅力は自分とは距離の遠い対象（たとえば、女優やモデルなど）に感じることもあれば、自身と似た相手に感じることもある。ファッション系YouTuberのほかに、読者モデルやInstagramなどでコーディネートの写真をアップするユーザーなどが、身近な存在として観察学習の対象となることも多く、過去にはカリスマ店員なども同様の存在であった。

　ただし、観察学習は魅力的な対象にのみ起こるわけではない。観察学習の結果、消費者はその人とは違った行動をとることもある。まさに「人の振り見て我が振り直せ」である。これを利用したマーケティング活動ももちろん存在する。たとえば、学習塾の広告で「もしこの塾を高校時代に知っていたら……」、というキャッチコピーがあったとしよう。このコピーを読んで受験生はなぜこの塾に入るのだろうか。

　それは、「この塾を知らなかった受験生は（おそらく）受験に失敗した（だろう）。」と受験生に学習させ、受験生は「受験に失敗しないためにはこの塾に通う必要がある」と感じるからである。

　第2に、対象の行動について記憶を保持してもらわなければならない。したがって、たとえばテレビCMだけでなく、駅のポスターや雑誌広告、YouTubeやSNSなどでのウェブ広告など複数のメディアを通じて対象の行動を露出し、消費者の記憶に残りやすい工夫をする必要があるだろう。

第3に、記憶を基に実際に同じ行動がとれるような状況に消費者を置かなくてはならない。いくら記憶に残ったとしても商品がすぐに使用できる（使える）状況でなければならない。試供品やクーポンなどのプロモーション活動だけではなく、店頭で品切れを起こさないなどの点も重要である。

第4に、消費者が同じ行動をとることに動機付けられなければならない。たとえば「この化粧品を使ったことでこんなに肌がキレイになりました」というキャッチコピーは、消費者を動機付ける（自分もキレイになりたいと思わせる）ために用いられているのだろう。

6 おわりに

本章では消費者行動を理解する上で重要となる学習の役割について学んだ。具体的には3つの学習に関する理論（レスポンデント条件付け、オペラント条件付け、観察学習）について、その仕組みを、事例を使いながら説明してきた。

各理論は想定している人間像（受動的なのか能動的なのか）や心理変容のプロセスは異なる。しかしその問いは共通している。それは「なぜ人間は自ら行動を変化させるのか」を理解することである。すなわち「行動」を理解するには「学習」の理解が不可欠なのである。

本章を読んで学習の仕組みがわかれば、私たちが普段何気なくしている購買行動が学習の結果であることがわかるだろう。したがって学習が変われば、購買行動も変わる。

だからこそ、企業は自社の商品を買ってもらえるようなマーケティング努力について学習を通じて考えることが重要であるといえるだろう。

？考えてみよう

①　百貨店、ショッピングモール、ドラッグストアの化粧品売場に行って観察してみよう。それぞれの売場がどのように違うのかを考えてみよう。

②　オペラント条件付けには4つの種類がある。それぞれの条件付けの結果、生じた行動についての具体例について考えてみよう。

③　観察学習に基づいた行動の具体的な例について考えてみよう。

参考文献　━━━━━━━━━━━━━━━━━━━━━━━━━━━━━━━━━━━●

マイケル・R・ソロモン（松井　剛（監訳）、大竹光寿、北村真琴、鈴木智子、西川
　英彦、朴 宰佑、水越康介（訳））『ソロモン　消費者行動論』丸善出版、2015年。
杉本徹雄（編）『新・消費者理解のための心理学』、福村出版、2012年。

次に読んで欲しい本　━━━━━━━━━━━━━━━━━━━━━━━━━━━━━●

☆消費者行動について心理学の側面から学ぶには……。
高木　修（監修）、竹村和久（編）『消費行動の社会心理学：消費する人間のこころ
　と行動』北大路書房、2000年。
☆どのような刺激が広告として有効かを学ぶには……。
レックス・ブリッグス、グレッグ・スチュアート著（井上哲浩、加茂　純（監訳）、
　高橋　至（訳））『費用対効果が23％アップする　刺さる広告：コミュニケーショ
　ン最適化のマーケティング戦略』ダイヤモンド社、2008年。

第**4**章

記　憶
——思い出は美化される？

第1章
第2章
第3章
第4章
第5章
第6章
第7章
第8章
第9章
第10章
第11章
第12章
第13章
第14章
第15章

1　はじめに

　この章では、記憶について考える。皆さんは、テスト勉強をしているときに、何回勉強しても覚えられなくて、もどかしい思いをしたことがあるだろう。その一方で、どうでもよい昔のことを事細かに覚えていることもあるだろう。なぜ、私たちは記憶できるのだろうか。

　記憶は、消費者行動においてもとても大事である。たとえば、だんだんと暑くなってきたから、カレーが食べたい、カレーを作りたい、と思ってスーパーに行ったらあなたはどうするだろうか？　だいたい食品スーパーは野菜売り場から始まることが多いから、タマネギとにんじんとジャガイモ、といった感じで、これまで自分が食べたカレーライスについての記憶を思い出しながら、材料を選んでいくはずである。

　しかしあまり料理をせず、カレーライスを作るのが初めてという人はどうするだろうか？　1つの解決策は、カレールー売り場に行くことである。いろいろなメーカーのカレールーのパッケージには、美味しそうなカレーライスの写真が載っている（**写真4-1**）。この写真や裏にある作り方の説明を見ながら、野菜売り場や精肉売り場に行けば良いのだ。あるいはスマホでクックパッドやクラシルのレシピを検索する人もいるだろう。このように自分の記憶に頼れない場合は、外部にある情報を手がかりに、わたしたちは消費者行動を行っているのである。このように、消費者がモノを買う際には、記憶というものが大きな役割を果たしているし、記憶が

【写真4-1　ゴールデンカレー（エスビー食品）のパッケージ】

写真提供：エスビー食品

不十分なときに補完するマーケティング的な工夫がたくさんあるのである。

　この章では、短期記憶が長期記憶になるメカニズムやノスタルジーについて学ぶ。

2 バブルの頃が懐かしい！

　平野ノラというお笑い芸人はご存じだろうか？　肩パッド付きスーツ、ロングソバージュ、太い眉と色味の強い口紅、肩にはポータブルタイプの携帯電話といったバブル景気時代のファッションで、「ワンレンボディコン舘ひろし」と決めぜりふを言うあのピン芸人である。バブル景気は、皆さんのような若い人々にとっては、「歴史的な出来事」でしかないだろう。しかし、父のヒロシや母のユミコのように青春時代にバブル景気を楽しんだ世代にとっては、とても懐かしいものである。この懐かしさのことを「ノスタルジー」という。

　ユミコにとってのバブル時代は、楽しいことばかりである。ユミコの頭の中には、バブルの頃の情景が懐かしくありありと浮かび上がっているのだ。

　　ワンレンボディコンでオシャレに決めて、シルビアを運転するしょうゆ顔でDCブランドがお似合いの彼氏（ヒロシではない）が、ディスコやイタ飯に連れて行ってくれた！　この彼氏、本命じゃないからアッシーでメッシーでミツグくんの「キープ君」だったのね（意味がわからない皆さん、ネットで検索を）。今考えるとちょっと悪いことしたな、と思うけど、みんなお金持っていたし、他の女の子もそんな感じだったし…。クルマを持っていない男の子なんていなかったし…。『私をスキーに連れてって』で原田知世が着ていた白いスキーウェアが欲しくて買ったけど、結局スキーに行ったのは1回だけだったな。サロモンのスキー板から靴まで全部揃えたんだけどね。そうそう、終電がなくなるまでディスコで夜遊びして、タクシーが捕まらなくて、1万円札をひらひらさせて停めようとしてたんだ！　ディスコで人気者になるために、ダンスのステップ、一生懸命練習したっけ。こんな話、アイやショウタにはぜったい話せない……。

　姉のアイや弟のショウタが、この話を聞いても、ちんぷんかんぷんだろう。「ワンレンボディコン」とか「アッシー」など、今や死語である。しかしヒロシやユミコたちバブルを謳歌した世代がこうしたコトバを目にしたり、耳にしたりすると、

【図 4 - 1　バブル時代のユミコ】

　まるで数珠つなぎのように、いろいろなことが思い出されて、自分たちの青春時代
の情景がありありと浮かぶのである。膨大な記憶量である。

　しかし記憶というものは、曖昧なものである。手痛い失恋や、卒業の単位が足り
ず大学のゼミの先生に泣きついたこと、就職したての新人の頃に大失敗したことな
ど、思い出したくないことは、忘れてしまっているのである。人間は、驚くべき細
部までよく覚えていることもあれば、まったく覚えていないこともある。

3　記憶のメカニズムと短期記憶

　記憶のメカニズム

　ユミコのショートストーリーにあるように記憶とは不思議なものである。人間の
記憶は、情報処理モデルという考え方によると、短期記憶と長期記憶からなる。情
報処理モデルとは、人間が情報をどのように取り込み、活用して、購買の決定を示
すのか、ということについての有力な考え方である。図 4 - 2 に示されたように、
人間は外部情報を、五感を通じて取り入れる（第 2 章参照）。取捨選択された情報

【図 4 - 2　記憶のメカニズム】

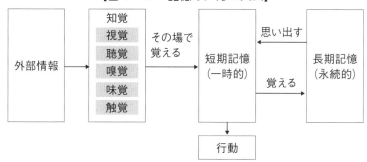

出所：Bettman, J. R. (1979), *An Information Processing Theory of Consumer Choice*, Addison-Wesley, p.140. をもとに著者作成

が、一時的な記憶、すなわち短期記憶となる。その短期記憶のうち、特に印象深いものは、永続的な記憶、すなわち長期記憶となる。私たちの行動は、外部からの情報と長期記憶から取り出された情報を総合して、判断がなされて生じるものである。

　この図 4 - 2 をみて、これはパソコンと似ていると思った人も多いだろう。外部情報は、キーボードやスキャナーを通して入力される。長期記憶はハードディスクであり、短期記憶はメモリである。ハードディスクにあるファイルを開いて、キーボードでファイルに書き加えると、その変更の結果が画面に出てきたり、あるいはプリントアウトされたりするのである。この画面やプリントアウトが図 4 - 2 でいう行動（すなわち結果）である。このように人間の情報処理は、コンピュータと似ているといえそうである。しかしこれは逆であり、むしろ人間の情報処理の仕方を観察して現代のコンピュータの設計思想が生まれたというべきだろう。

 短期記憶

　この図式で大事なのは、短期記憶と長期記憶である。この 2 つについて、もう少し詳しく見ていこう。

　短期記憶は、情報処理されるまで一時的に保持されるものである。たとえば、初めて会った人の名前を覚えるということを考えてみよう。相手が 1 人の場合は、覚えるのは難しくないだろうが、相手が 10 人いる場合は、全員の顔と名前を一致させるのは、時間がかかるはずである。すなわち短期記憶の容量には限界があるのだ。しかし、その相手が自分にとって大事な人であれば、すなわち関与（第 5 章参照）

の度合が高ければ、容量は拡大する。たとえばショウタは、就職活動でOB訪問をした時の相手の名前は、覚えようと努力するし、忘れないだろう。覚えるために、たとえばその人の名前を10回心の中で繰り返したりする。これは、情報を反復することで、短期記憶への一時的な蓄積を目指していることであり、維持リハーサルと呼ばれている。

　一方で関与の度合が低い場合は、容量が小さくなる。たとえばテレビを見ている人は、CMになると、とたんに画面に対する注意（第2章参照）を失うだろう。そのため多くのテレビCMは訴求点を絞り込んでいる。多くのメッセージを詰め込みすぎると、もともと関心が薄い人の注意を集めることができないからである。

　このように短期記憶には限界がある。維持リハーサル以外にもチャンキングという方法で、わたしたちは記憶を維持しようとする。チャンクとは「かたまり」という意味である。たとえば、電話番号は090-xxxx-xxxxのように11桁もある。しかし、「−」で区切ることで、11の断片を3つにグループ化している。こうするほうが覚えやすいことはわかるだろう。たとえば、ドモホルンリンクルの「0120-444-444」という電話番号を覚えている人は多いだろう。これは、「0120」と「444」と「444」のチャンク（かたまり）に分けられているため、覚えやすいのである。しかも3つのうちの2つが同じチャンクであることも覚えやすくしている。このように化粧品会社の問い合わせ先の電話番号ひとつをとっても、細やかな工夫がなされているのである。

　なお、記憶は私たちの脳に蓄積されるものだけが記憶ではない。こうした記憶を内部記憶と呼ぶが、一方で外部記憶というものもある。これは、自分の外部にある情報源で記憶を呼び覚ますものである。たとえば、ユミコが平野ノラを見て、当時のことを思い出したのは、この芸人が外部記憶として作用したものと解釈できる。あるいは買い物に行くときに、買い物リストを作ることがある。こういったメモも外部記憶である。その他にも、製品のパッケージや小売店内の棚もまた外部記憶である（Column 4 − 1）。

　買い物リストの過去の研究によれば、買い物リストに書いたほうが買う確率が高まるという。買い物リストを書いたのだけれども、その紙を忘れてしまったという経験はないだろうか？　それでも書かなかった場合と比べると、忘れずに買う確率が高いのである。あるいは、書いた本人が買い物に行ったほうが買う確率が高まるという。家族が書いた買い物リストを持たされて、買い物に行ったのだけれども、それを買うのを忘れたという経験はないだろうか？　やはり書いた本人が行ったほ

Column 4 - 1

レジ前の陳列

　皆さんはコンビニやスーパーで買い物するときに最後に行うことは何だろうか？　それは会計である。買い物かごに欲しいものを入れて、そのまま店に出してしまったら万引きでつかまるからである。当然のことだが、コンビニやスーパーでは最後に、レジの前に並んで会計を済ませるということを全員がしているのである。

　全員が会計を済ませるということの意味は決して小さくない。すなわちレジは通過率が100％であるということである。100人のお客さんが来たら、100人が通過するのである。これは通常の売り場ではあり得ない。たとえば、スーパーにはカレーの売り場があるけれども、カレーを買おうと思っていないお客さんは、立ち寄らない。しかしレジ前は全員が通過するので、売り場として非常に魅力的である。

　コンビニやスーパーのレジ前では、実際、どのようなモノを陳列しているだろうか？　コンビニでは、豆大福がレジの横に置いてあったり、レジの下にガムやフリスクのような清涼菓子が置いてあったりする。スーパーでは、乾電池や電球が置かれているのを見たことがあるだろう。これは、店に入る前には買おうと思っていなかったモノを買わせようという工夫である。すなわち非計画購買（第9章参照）を誘発しているのである。

　このレジ前の陳列は、外部記憶装置として作用していることはわかるだろうか？　たとえばコンビニでレジの前に立ったときに、「そういえばフリスクがもうなくなった。次の授業、すごく眠くなるから買っておこう」と思うのである。あるいはスーパーでは「そういえばテレビのリモコンの電池切れていたな」と思い出すのである。外部記憶装置としてのレジ前陳列は、小売店やメーカーにとって大事な売り場である。コンビニやスーパーだけでなく、ホームセンターなど他の小売業態でも似たような取り組みがある。今度、買い物をするときに、意識して見てみよう。

うが忘れにくいのである。これは受験勉強で暗記をするときに、暗記したいことを書き出す、ということと同様であろう。

4 長期記憶と連想ネットワーク

長期記憶

　一方、長期記憶は、情報を永続的に貯蔵するための無制限の容量を持つ。上で説明した通り、五感を通じて取り入れられた刺激のあるものは、短期記憶を経て長期記憶となる（**図4－2**）。短期記憶を長期記憶にするための作業を精緻化リハーサルという。これは、刺激の意味を考えて、それをすでにある記憶の中にある情報と関連づける作業である。維持リハーサルが単なる繰り返しであるのに対して、精緻化リハーサルは、既に定着している記憶と結びつきをつくるという意味で大きく異なる。

　たとえば、初めて会った人（たとえば、佐藤さん）について覚える際に、その人の卒業した大学（たとえば、法政大学）がどこで、出身の地方（たとえば、群馬県）がどこで、といった情報を、つきあいのある同じ大学の卒業生（法政出身の山田さん）や同郷の人（群馬出身の田中さん）についての記憶と結びつけないだろうか。あるいは、同じ名前の人（別の佐藤さん）や外見が似ている人（佐藤さんと同じように細マッチョの加藤さん）と結びつけて覚えようとしているだろう。

　長期記憶は、上で説明したように永続的な記憶である。この長期記憶は、エピソード記憶と意味的記憶に分けられる。エピソード記憶とは、これまでの生活に位置づけられているような出来事に関する記憶であり、日時や場所も同時に記憶されている。たとえば、ユミコにとってのバブル時代の思い出はエピソード記憶である。一方の意味的記憶とは、言語の使用に必要な知識であり、記憶したときの状況や日時や場所に関係なく独立した知識である。たとえば、ユミコは１年が365日であるとか、うるう年が４年に一度あるということを知っている。これは、彼女の個人的な経験とは関係のない情報である。

　また長期記憶は、スキーマとスクリプトにも分類される。これらについては、第２章で説明したが、簡単に振り返ってみよう。スキーマとは、特定の対象や目標の達成と関連してひと括りに連想される知識やイメージの集合である。これは簡単にいうならば、ものごとを見る「メガネ」のようなものである。こうしたメガネは、

簡単な言葉として表現されていることが多い。たとえば、ユミコは若い頃、男性を「本命」とか「アッシー」（車で送り迎えしてくれる便利な男）とか「メッシー」（ご飯をご馳走してくれる便利な男）といった分類方法で見ていた。これがスキーマの一例である。最近の例でいえば、「女子力」という言葉は、スキーマの一例である。アイは自分に女子力があるかないか、ということを、いつも気にしている。ショウタが「陰キャ」であると、自分について思っているのもスキーマである。これは「陽キャ」との対比というスキーマである。

　一方、スクリプトとは、一般的には「台本」を意味する。「時間的な順序」によって構成されるスキーマのことである。一番わかりやすいのは、第2章でも見たレストランでのお客さんの振る舞い方である。こうしたスクリプトをユミコは若い頃に学び身につけた。

　このスクリプトは、国や文化によって違うことがある。たとえば、外国のレストランでは、食事後の会計をテーブルに着いたまま行うことが多い。一方、日本では、入口付近のレジまで伝票を持って行って会計を済ませる場合が多い。そのため、日本人が海外旅行をしてレストランで食事をしたときに、お金を払わずに出て行こうとするように見えるため、その国のウェイターやウェイトレスはビックリしてしまうわけである。

　同じように、チップを払う習慣がある国とそうでない国がある。日本人はチップを払う習慣がないので、アメリカでチップを払い忘れてしまうことがある。そのため日本人らしき客が来た場合に、あらかじめチップの代金を伝票に含めておくレストランがあり、それに気付かずに二重にチップを払う日本人もいることは聞いたことがあるだろう。このようにスクリプトは一度身につけると、強力な習慣となるのである。アメリカでふさわしい「台本」と日本でふさわしい「台本」とは違う、ということである。

◈　連想ネットワーク

　たくさんの記憶が維持されるのは、個々の情報が頭の中でつながっているからである。これを連想ネットワークという。たとえば、ユミコは、バブルという言葉を聞くと、ディスコやスキーやタクシーといった記憶があたかも連想ゲームのようによみがえる。このプロセスは活性化拡散と呼ばれる。**図4-3**にあるように、これらはネットワークとして頭の中でつながっているのである。上で述べた精緻化リ

【図4－3　ユミコのバブル時代についての連想ネットワーク】

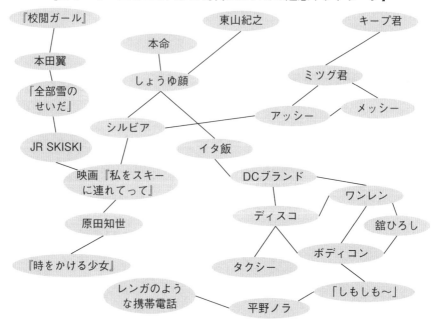

　ハーサルは、このネットワークにある知識に新しい知識を関連づける作業である、と考えるとわかりやすいだろう。

　記憶が呼び覚まされるプロセスには2つのタイプがある。再生と再認である。再生とは、ヒントがなく思い出すことであり、再認はそれを見聞きしたときに「以前から知っているものだ」と思い出すことを指す。たとえば、「知っているハンバーガー・チェーンの名前を言ってみて」と言われたときに、ヒントを言われなくても思い出すのが再生であり、マクドナルドやモスバーガーのロゴを見せられて「このチェーンは知っているか」と言われて知っていた場合が再認である。

　再生できるブランドは、記憶に強く定着されるから、強いブランドである。特にシェアNo. 1のブランドは、多くの消費者が再生できるブランドである。しかし再生できないブランドがダメなわけではない。再認されることも大事である。スーパーの棚で、いろいろなブランドのカレールーを見たときに、全く知らないブランドであるよりも、馴染みがあるブランドのほうが手に取られやすいだろう。再生されるべきか、再認されるべきか、ということは、その市場での地位による。どちらが重視されるのかは、リーダーなのか、チャレンジャーなのか、フォロワーなのか、

といったことで変わるのである（詳細は本書の姉妹書『1からの戦略論（第2版）』第5章を参照）。このように再生や再認が生じるために、企業は、広告などさまざまなマーケティング・コミュニケーションに取り組んでいるのである。

5　ノスタルジア

◆ ノスタルジアとレトロブランド

　短期記憶が長期記憶に変換され定着されると、膨大な知識が貯蔵されることになる。2で述べたユミコのバブル時代の記憶がまさにそれである。しかしそういった記憶は通常は思い出さないものである。なんらかの刺激があって、呼び覚まされるのである。そういった刺激はさまざまなものがある。典型的な刺激が音楽である。たとえば、皆さんは中学生の時に大好きだった曲を久しぶりに聴いたら、その当時のことを、ありありと思い出すのではないだろうか？　その思い出の詳細についてよく考えてみて欲しい。たとえば、好きな子に告白して見事に振られたときの帰り道で、雨に降られてコンビニに駆け込んだこと、そこで買った肉まんの具が少なかったことなど、くだらないことまで含めて実に細かいことまで覚えていることに驚くだろう。このように人間は記憶したいことがなかなか記憶できない一方で、思わぬ記憶を大量に抱え込んでいるのである。

　このように過去の記憶はほろ苦いものであることが多い。こうした過去を懐かしく思う感情をノスタルジアと呼ぶ。わたしたちは、憧憬とともに、いくばくかの哀しみも混じった複雑な感情に基づいて、昔のことを思い出すのである。

　こういったノスタルジアを活用したマーケティングは数多く見られる。レトロブランドは、こうしたノスタルジアをテコにしたマーケティングの一例である。昔風のデザインのクルマや廃止されたブランドの復活などである。たとえば、サントリーは2011年に「はちみつレモン」を11年ぶりに発売して、年間販売目標を8割も上回る130万ケースを売り上げた。懐かしさを前面に出して、当時のパッケージをそのまま採用して、テレビCMも昔のメロディやフレーズを使ったのだ。昔の「はちみつレモン」を知っている人たちにとっては、これは懐かしいものである。「はちみつレモン」のパッケージを見たり、買って飲んでみたりすることで、その

当時のことを思い出している人はたくさんいるはずである。

集合的記憶

　ただ同時に、若い人にとっては、「はちみつレモン」は新しいブランドとして新鮮に映っている。同様のことはコカ・コーラの「スプライト」や「ファンタ」といった炭酸飲料でも行われている。懐かしさから手に取る人もいれば、新しいブランドとして注目する人もいるのである。

　しかし興味深いのは、こうした若い人もまた「はちみつレモン」や「ファンタ」が昔からあるということを、何となく知っていることである。さらに言えば、過去に飲んだことがない若い人ですら、何となく「懐かしさ」を感じている。これは、考えてみたら不思議なことである。これについては、Column 4 - 2で集合的記憶というキーワードで詳細に説明している。

　以上のように記憶とは、必ずしも意識的に行われるわけではない。何気なく耳にしたことや目にしたことが、長期記憶として定着することがある。このように考えると、多くのブランドは、なぜ同じメッセージを繰り返し消費者に伝えているのか、ということを理解できるだろう。

　似たような例で、昔のファッションや音楽がリバイバルすることは、よく見られる。たとえば1980年代後半のバブル景気のファッションや音楽がブームとなっている。お笑い芸人の平野ノラのネタの流行や大阪府立登美丘高校のバブリーダンスのブームを受け、カラオケでは荻野目洋子の「ダンシングヒーロー」がランキング上位となった。約30年前の音楽やファッションが、今や新鮮に見え、好意的に受け止められるのである。このように時間的な距離があるものは、新鮮に見えることがある。ファッションのメカニズムについては、第13章で議論をしている。

6 おわりに

　この章では、記憶が生じるメカニズムについて考えてきた。記憶は、短期記憶と長期記憶に分けられる。五感を通じて得られた刺激のある一部が、短期記憶となり、さらにその一部が長期記憶になる。長期記憶には、さまざまなタイプの記憶があり、それらは連想ネットワークを形成している。この連想ネットワークに新しい情報が

Column 4 - 2

『ALWAYS 三丁目の夕日』の懐かしさ

　『ALWAYS 三丁目の夕日』（2005年公開）というヒット映画をご存知だろうか？　昭和30年代の東京の下町を舞台にした「古き良き日本」を描いた映画である。建設中の東京タワーを背景に、下町の人情溢れる近所づきあいが描かれている。

　この映画が多くの観客を感動させたのは「ノスタルジア」の力である。映画のキャッチコピーは「携帯もパソコンもTVもなかったのに、どうしてあんなに楽しかったのだろう」である。

　しかし興味深いのは、当時を生きていない若い世代も「懐かしさ」を感じていたことである。ノスタルジアとは、普通は、自分が過去に経験したことを思い出して、懐かしがることを指す。冒頭のユミコのバブル時代の記憶がまさにそうである。しかし、この映画の場合、実際に経験していない人たちまで懐かしさを覚えたのである。

　社会学では、こうした現象を集合的記憶と呼んでいる。実際に経験していないことでも、子どもの頃からニュースなどの報道を見たり、親や先生から教えてもらったりすることで、「記憶」を創り上げていくのである。このように考えると、集合的記憶が『ALWAYS 三丁目の夕日』のヒットに貢献したことが分かるだろう。

　この映画のプロデューサー奥田誠治氏は、自分が小学生の頃の上野駅や都電の記憶を思い出して、この映画を作ったという。上野駅での構内放送も、自分の記憶を頼りに奥田氏自身がアナウンス役を担当したという。面白いのは、80代に

【写真4 - 2　『ALWAYS 三丁目の夕日』の1シーン（背後に見えるのは建設中の東京タワー）】

©2005「ALWAYS 三丁目の夕日」製作委員会

なる奥田氏のお母さんが、この映画を見て「懐かしい」と思わなかった、ということだ。映画で描かれている風景が、お母さんにとっては、あまりにも当たり前であり、記憶が鮮明だったからである。むしろ懐かしさを強く覚えたのは、子ども時代にこの当時を過ごした60代ぐらいの世代だったという。この世代は、当時の経験を美化しているのである。さらに、上で述べたように、もっと若くて同時代を経験していない世代までも、懐かしさを感じてしまった。

　このように同じ出来事でも、その当時に何歳ぐらいだったのか、ということで、記憶の作られ方が違う。記憶や集合的記憶を活用したマーケティングには、いろいろな工夫が必要なのが分かるだろう。

位置づけられると、それは長期記憶になるのである。これは、精緻化リハーサルと呼ばれる。

　長期記憶になるために、各企業がどのようなマーケティングをしているのか、ということに、これから関心を持とう。特に注目して欲しいのは広告だ。テレビCM、ネット広告、看板広告、電車の中吊り広告などさまざまな方法を使って、企業は消費者とコミュニケーションをとろうとしている。こうした努力は、自分たちのブランドを、皆さんの長期記憶に位置づけようとする試みである。このように広告を見てみると、面白い発見がたくさんあるはずだ。

❓考えてみよう

①　多くの人々にとって長期記憶となっているブランドにはどのようなものがあるのか。なぜそのブランドは長期記憶になることができたのだろうか考えてみよう。

②　あなたの頭の中にある連想ネットワークの構造について考えてみよう。

③　ノスタルジアを上手に活用したマーケティングの例を考えてみよう。

参考文献

ケビン・レーン・ケラー（恩藏直人（監訳））『戦略的ブランド・マネジメント（第3版)』東急エージェンシー、2010年。

ダグラス・B・ホルト（斉藤裕一（訳））『ブランドが神話になる日』ランダムハウス講談社、2005年。

次に読んで欲しい本

☆長期記憶になるブランド作りについての基本を学ぶには……。

ケビン・レーン・ケラー（恩藏直人（監訳））『戦略的ブランド・マネジメント（第
　３版)』東急エージェンシー、2010年。

☆物語として強力なイメージを形成するブランド戦略について学ぶには……。

ダグラス・B・ホルト（斉藤裕一（訳））『ブランドが神話になる日』ランダムハウ
　ス講談社、2005年。

第4章

第1章
第2章
第3章
第4章
第5章
第6章
第7章
第8章
第9章
第10章
第11章
第12章
第13章
第14章
第15章

第5章

態　　度
——好き嫌いは、どのように生まれるのか？

1　はじめに

「あの、ふてくされた態度は、何だよ！」とか、「先輩の真剣な態度に、心打たれる」というように、人の態度は気になるものだ。だが、ここで学ぶのは人の見た目の様子を意味する態度ではない。消費者行動論での「態度」は、「嵐が熱狂的に好き」とか、「アップル製品はクール」とか、「あのショップのサービスは最悪」など、企業をはじめ、ブランド、商品、店舗、サービス、広告など何かを対象に対する「好き・嫌い」や「良い・悪い」などの評価を意味する。

　こうした態度が、実際の行動につながるのというのはわかるだろう。つまり、嵐が熱狂的に好きだから、嵐のCDを買ったり、コンサートに行ったり、グッズを買ったりする、あるいは、アップル製品が好きだから、iPhoneを買ったり、アップルウォッチの予約をしたりする。逆に、ショップのサービスが最悪だと思うから、ショップに行かなかったり、友人に行かないように伝えたりする。このように消費者の態度によって、その購買行動の説明、あるいは予測ができると考えられてきたので、消費者行動論を学ぶ上で、「態度」の理解は重要となる。

　では、そもそも消費者は態度をどのようにして形成したり、変化させたりしているのだろうか？　それには、嵐やアップル、ショップなどの対象について、その消費者がどれくらい思い入れを持っているか、いわゆる「関与」の程度が関係する。嵐に対して関与が高い消費者と、低い消費者では、好き・嫌いの生まれ方が異なりそうだというのは、直感的にもイメージできるだろう。

　この章では、小石川一家の大黒柱である父のヒロシのクルマ購入にまつわるショートストーリーを通して、態度に影響を与える関与を理解した上で、態度や態度モデルについて学んでいく。

2　黄色のビートルが好き

　父のヒロシは、今日、とても気分がいい。勤めている重電メーカーの業績が好調で、夏のボーナスの額が予想外に良かったからだ。クルマの車検を間近に控えた買い替え時で、学生時代からクルマがステータスだと思っていたヒロシにとっては、

【図5-1　颯爽とビートルを運転するヒロシとモモ】

嬉しいボーナスだった。

　その日から、ヒロシはクルマの情報収集を始めた。インターネットで自動車会社のホームページや動画を見ることからはじめ、自動車雑誌『CAR GRAPHIC』を買って、その特集記事を読んだり、イメージ広告を見たりという具合に情報をたくさん集め、最近のクルマのトレンドについて知識を蓄えていった。ヒロシは、こうした情報を見ているうちに、大胆なデザインで、印象的なカラーのクルマが良く思え、ビートルを好きになってきた。ビートルのホームページから近くのディーラーを選択して、試乗予約がネットでできることに驚きながらも、黄色のビートルの試乗予約をした。ヒロシは、ディーラーを訪問し試乗させてもらうと、予想以上に良い感じで、下取りの条件も良く、その場で即決してしまった。

　1ヶ月後、営業マンによって納品された黄色のクルマを見て、ヒロシは大満足。しかし、妻のユミコに「派手すぎない？」と言われたヒロシは、普段ベーシックカラーが好きな自分を思い出して少し不安になった。その顔を見ていたのかどうかまではわからないが、営業マンは、ヒロシの好きな渋い俳優名をあげて、同じ黄色のビートルを乗り回していると説明。ヒロシは、それを聞いて、良い色を選んだと安心する。

　早速ヒロシは、ペットでチワワのモモを助手席に乗せて、颯爽と海辺をドライブ。途中で、ドッグカフェを見つけたので休憩だ。カフェにあった、かっこいいデザインの黄色のキーケースを衝動買いした。ヒロシが実際にクルマのキーをつけてみると、使い勝手がとてもよく、機能的にも優れたものであった。ユミコにも、プレゼ

ントしようとカフェの女性店員にも相談して、お揃いの赤色のキーホルダーを購入した。即決した自分のキーケースとは違って、ずいぶん時間をかけて選んだ。家に戻ってユミコに渡すと、嬉しそうに家のカギをつけて揺らした。モモも欲しそうにしっぽを振った。

　翌日ヒロシは、会社の同僚に、ビートルを買った話をする。同僚から、ヒロシがあまり好きではない役員が、同じビートルに乗っていると聞かされる。その事実に、ヒロシは一瞬引いたが、同じ趣味ということは、「本当は意外にいい人なのかも」と思い直し、ひとり微笑んだ。

3　関　　与

　まずは、態度に影響を与える関与の理解からはじめよう。関与とは、製品や広告、購買状況という対象に対して消費者が持つ思い入れやこだわり、関心のことである。関与（involvement）という言葉は、そもそも対象に「巻き込まれた」（involved）状態を意味する。その感じを、イメージすると理解しやすいのではないだろうか。

　もちろん、こうした対象への関与は、個人によって異なる。クルマをステータスだと思っているヒロシと、クルマを運転しないユミコ、姉のアイ、弟のショウタと、クルマに対する関与が異なるのは、想像できるだろう。小石川家の他の家族は、全く関心がないかもしれないのだ。

　関与には、最も低い関与の「無関心」から、最も高い関与の「執着」までのさまざまな程度がある。無関心のレベルでみられるのが、「惰性」だ。特に気に入っているわけではないが、代替品を考える気もしないので、習慣に従って製品を決めるという行動だ。皆さんにも、そういう製品やテレビ番組があるのではないだろうか？

　一方、執着のレベルでは、広瀬すずなどの女優やアイドル、坂本龍馬などの偉人への熱烈な憧れがあるだろう。人物だけでなく製品に対しても、こうした例はある。新製品の発売を数日前から並んで待つ熱狂的ファンが多くいるアップル製品のような、カルト製品がそれである。

　では、皆さんの関与が高い対象を具体的にあげてみよう。ゲーム、ファッション、ドラマ、アイドル、野球、サッカー、店舗、雑誌、広告など、いろいろあるだろう。このように関与の対象には、多様なものがあるが、ここでは、代表的な製品関与と

購買状況関与について見ていこう。

 ## 製品関与

　まず、製品関与は、特定の製品に対しての消費者の関心のことである。一般的に、住宅やクルマ、ファッション製品、コスメは、消費者が強い思い入れやこだわりを持ちやすい製品関与の高い製品である。クルマに高い製品関与をもつ消費者は、特に購入予定もないのに、普段から自動車雑誌を購読していたり、モーターショーに出かけたりするかもしれない。同じくファッションに高い製品関与をもつ消費者も、購入予定もないのに、ファッション雑誌を購読したり、ウィンドウショッピングに出かけたり、ファッションショーを見に行ったりするかもしれない。とはいえ、誰も彼もがクルマやファッションに製品関与が高いというわけではない。

　一方、電池や電球、ガムテープなどは、消費者がほとんど思い入れやこだわりを持たない製品関与の低い製品であろう。とはいえ、関与は個人によって異なるので、ガムテープの微細な色や材質、幅などに、こだわりのある高関与な消費者がいる場合もあるのだ。

　こうした製品関与を高める手法に、近年、消費者参加型製品開発がある。無印良品やレゴでは、新製品開発のために、消費者にネットで呼びかけ、製品アイデアの創出や、アイデア投票に参加してもらい、関与を高めている。単に製品関与を高めるだけでなく、そのアイデアから多くのヒット商品も生まれている（Column 5 － 1）。

 ## 購買状況関与

　一方、購買状況関与は、購買場面や文脈、目的の違いによって生まれる関心のことである。一般的に、実際に購入しようと思ったり、高額製品であったり、店舗によって大きく価格が異なったり、大事な彼女にプレゼントをしようとしたり、就活など大事な場面で使うリクルートスーツを購入したりする際には、高い購買状況関与になる。まさに、普段クルマに強い関心があったというわけではなかったヒロシが、購入しようと思ったとたんにクルマに関与が高くなったり、あるいは、自分のキーケースを選ぶのは即決であったヒロシが、ユミコへのギフトとなったとたんに関与が上がり慎重に選んだりしたというショートストーリーが、その好例だ。

Column 5 - 1

消費者参加型製品開発

　本文で見たように、消費者の製品関与を高める手法に、消費者参加型製品開発がある。その好例が、無印良品の取り組みだ。2001年に、サイト上で、「モノづくり家具・家電」を開始した。無印良品が設定した家具・家電のテーマに対する顧客のアイデア投稿から始まり、その投稿に基づいた無印良品の複数商品アイデア案の提示、それらアイデアに対しての顧客の人気投票、その人気アイデアに基づいた無印良品の複数デザイン案の提示、それらデザインに対しての顧客の人気投票が行われる。その人気デザイン案に基づいた試作品を無印良品が提示し、顧客からの事前予約を受け、その数が製造の最小ロットに達すると商品化が決定するというプロセスであった。「持ち運びできるあかり」をはじめ、「壁棚」や、大ヒット商品となる「体にフィットするソファ」が発売された。

　その後、事前予約はなくなったが、「お客様の声プロジェクト」としてカテゴリーが広がり、消費者参加型製品開発で生まれた商品は、同カテゴリーの企業内部のアイデアにより開発された商品と比べて、3.6倍も高い売上高をあげた。

　さらに、現在では、「IDEA PARK」として、新商品のアイデアだけでなく改善のアイデアや再販売希望などのリクエストを募集している。顧客は、リクエストを投稿するだけでなく、他の誰かのリクエストに「良いね」ボタンを押したり、それに「コメント」を書き込んだりと、応援することが可能だ。サイトでは、開発担当者が検討する前のリクエストを「新着リクエスト」、検討したものを「ストック済み」、そして検討期間を過ぎたものを「アーカイブ」として表示される。「ストック済み」では、すでに販売中または希望に近い商品がある場合は「販売中」、見直すことになった場合は「見直し中」、発売された場合は「できました」というラベルが表記される。

　このように顧客は、自分のリクエストに対する無印良品の開発状況が把握できる。こうした取り組みが、消費者の製品関与を高めるということは言うまでもないだろう。

　一方、まだ購入を具体的に考えていなかったり、自分で使う製品の購入であったりする場合には、低い購買状況関与となる。住宅は、高い購買状況関与を持ちやすい製品であるが、まだ購入する気がない時は、購買状況関与は低いだろう。

【図5-2　関与と態度】

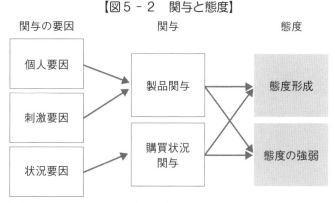

出所：Zaichkowsky, J. L.（1986）"Conceptualizing Involvement,"
Journal of Advertising, 15(2), Figure 1 をもとに著者作成

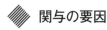

関与の要因

　こうした関与の程度に影響を与える要因は、個人要因、刺激要因、そして状況要因の3つが挙げられる。

　まず、個人要因は、個人の欲求や重要性、関心、価値観が、関与の程度に影響を与えることである。対象製品と個人要因との関係性が強ければ強いほど、高い製品関与をもつ。クルマがステータスであった学生時代を経験したヒロシは、クルマに個人要因が少なからずあったのである。

　次に、刺激要因は、代替品との違いや、製品情報の内容や伝達方法、リスクの潜在性などの刺激が、関与の程度に影響を与えることである。購買後のことを考えて不安を感じるという「知覚リスク」の高い製品は、高い製品関与をもたらす。ヒロシが買ったような高額なクルマは、失敗が許されないため、知覚リスクが高く、製品関与を高めるのだ。

　最後に、状況要因は、購買場面や文脈、目的の違いなどの購買状況が、関与の程度に影響を与えることである。購買状況関与でみたように、ヒロシの個人使用に比べて、ユミコへのギフトのほうが、同じ製品でも購買状況関与を高める。

　以上、関与をみてきたが、実は、消費者の関与が高い製品や広告はそれほど多くはないともいわれている。この節のはじめで、皆さんに関与の高い対象をあげてもらったが、いくつ出たであろうか？　消費者は、企業のマーケティング担当者ほど

には、製品に対して関与を高くもっていないことがわかるだろう。つまり、多くの
消費者行動が、低関与型の消費者行動であるということを忘れてはいけない。

4　態　　度

　では、いよいよ態度について、見ていこう。態度とは、自分を含む人や、物、広
告などに対する長期にわたる全体的評価をいう。冒頭でみたように、対象について
の消費者の「好き・嫌い」や「良い・悪い」などの評価となる。こうした態度には、
感情、行動、認知という３つの構成要素がある。まず、感情は、消費者が対象につ
いて、どのように感じるかを表す。次に、行動は、消費者が対象について行動を起
こす意図を表す。とはいえ、意図は、必ずしも実際の行動につながらないので、注
意が必要だ。最後に、認知は、消費者が対象について真実だと信じることだ。この
３つが揃って、態度が形成されるのである。皆さんも、ある製品の特徴を真実だと
思ったとしても、その製品を良いものと感じ、さらに買いたいとまで思わないと、
態度は形成されないのではないだろうか？
　こうした態度の３要素は、実は、消費者の関与の状況によって、形成の順番が変
わる。それは、効果の階層モデルとして、効果の標準的学習階層、効果の低関与階
層、そして効果の経験階層の３つに整理される。

【図５-３　効果の階層モデル】

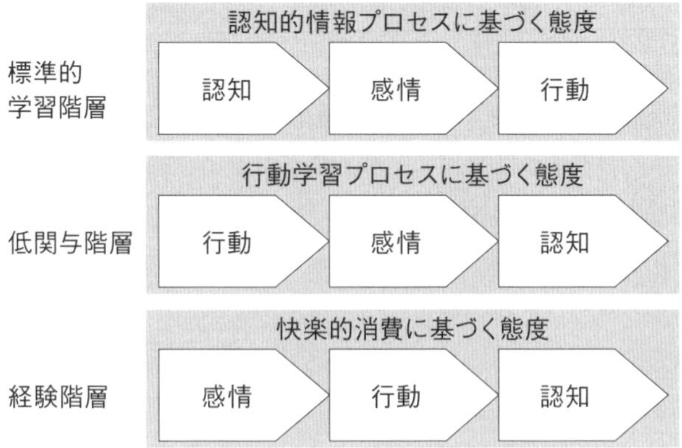

出所：ソロモン（2015）図7.1をもとに著者作成

効果の標準的学習階層

　まず、効果の標準的学習階層では、認知、感情、そして行動という順番で態度を形成する。それは、製品やブランドなどの対象について製品関与、あるいは購買状況関与が高い状況の場合である。製品選択の際に、消費者は多くの情報を集め、代替案と比較して、思慮深く決定するという、問題解決プロセスとして対処するという前提をおく。まず、消費者は対象についての知識を蓄え、認知を形成する。次に、認知内容を評価して、対象への感情を形成する。そして、好感がもてる特性を提供する対象を購入するという行動をとる。まさにヒロシのクルマ購入は、この標準的学習階層で態度形成をしている例である。ヒロシは、ネットや雑誌で情報を集めた結果、大胆なデザインで、印象的なカラーのクルマが良く思えてきて、ビートルを好きになり、購買に至ったのだ。

第5章

効果の低関与階層

　次に、効果の低関与階層では、行動、感情、そして認知という順番で態度を形成する。それは、対象について製品関与、あるいは購買状況関与が低い状況の場合である。消費者は、最初から特定の製品やブランドなどの対象を強く好むということはなく、限られた知識に基づいて行動し、その対象を購入してから、評価すると考える。態度は行動学習を通して形成されるため、購入が良い経験か悪い経験かが重要となる（第3章参照）。つまり、購入後に製品を評価しているわけだ。購買決定をする際には、単純な刺激と反応の結びつきで行動している可能性が高い。消費者は棚にあるすべての製品を比較するのではなく、「オススメ」「売れています」という一言のPOPや、そのブランド名を見たことがあるなどの単純な刺激に反応して購入する。

　先に見たように、低関与の状況は多い。メーカーが、たくさんの情報を伝えるマーケティング努力しているが、実際のところ消費者には届いていないのだ。

効果の経験階層

　最後に、効果の経験階層では、感情、行動、そして認知という順番で態度を形成

Column 5 - 2

認知的不協和理論

　「買うのが少し不安であったが、買ってみたら良い商品だった」。皆さんは、こうした経験はないだろうか？　「私は愚かな間違いをした」という認知と、「私は愚かな人間ではない」という認知は矛盾する。したがって、この矛盾を解消するために、何かを購入した後に、あえてその優れた点を探し、良い買物をしたと思うようになる。このようにして、製品の評価は、購入後に上がる傾向がある。こうした2つの認知的要素の「不協和」（矛盾）に人が直面すると、不快な感情を引き起こすので、その不協和を解消するために、感情や行動を変えて、一貫性を回復しようとする。これを、認知的不協和理論という。とりわけ、不協和の要素の重要性が高く、その数が多いときに、不協和が起こりやすい。高額製品など高関与製品の場合に見られるわけだ。

　ヒロシの高額な黄色いビートルの購入は、その例だろう。「黄色いクルマを購入した」と「普段は、ベーシックな色を好む」という2つの認知的要素は、調和しない。ヒロシは、ユミコの一言でそのことを思い出し、その矛盾に不安になり、軽減したいと思った。

　こうした不協和を軽減するために、矛盾する要素の①削除、②追加、そして③変化を行う。まず、①削除は、色の交換（もちろんクルマはできないが）である。次に②追加は、好きな渋い俳優が同じ色を乗っていると営業マンから聞いたことで、「これが渋い大人のクルマのベーシックカラーだ」と納得することだ。最後に、③変化は、クルマに乗るには、そもそも週末で、普段ではないと考え直し、「普段はベーシックな色を好む」から、「普段ではない週末は、ヴィヴィッドな色を好む」に変化させるという感じだ。ヒロシの好きではない役員に対しての評価の変更も、この例である。

　このように、人は、認知や感情、行動という態度の3つの構成要素の一貫性を保とうとするのだ。皆さん自身も、認知的不協和を軽減させたという経験はあるのではないだろうか？　何か不協和を感じた際に、この理論を思い出して、自分自身を分析してみよう。

する。消費者は、感情的な反応をもとに行動を起こす。製品本来の機能を果たす製品属性ではなく、パッケージデザインや、広告、ブランドネームなどの漠然とした製品属性が、消費者の態度形成に影響を与える。見た目が面白いパッケージの製品

を買うことや、製品の利用でワクワクするなど、快楽的消費に基づくものといえよう。この状態も、製品関与、あるいは購買状況関与は低いといえる。ヒロシが使い勝手ではなく、かっこいいデザインというだけで黄色のキーケースを買ったのは、この例だろう。

 態度の強弱

こうした態度に強弱が生まれるのは、同じように関与の程度と関連する。それには、従属、同一化、そして内部化という3つの水準がある。

まず、従属は、低関与の状況であり、報酬を得る、あるいは罰を避けるために態度を形成する。うわべだけのもので、他人に見られなくなったり、代替案が入手できるようになったりした時に変化しやすい。上司の誘いでゴルフを始めたヒロシが、部署異動ですぐに止めてしまったことは、その例である。

次に、同一化は、他人や周りの期待に応えようとするための態度形成である。ルーズソックスやタピオカミルクティーなどのブームはまさに、この同一化の典型例であろう。

最後に、内部化は、高関与の状況であり、深く根づいた態度が価値体系の一部となる。この態度は、その人にとって重要なので、変えることが困難である。冒頭で見たように、嵐（ARASHI）が病気（SICK）ともいえるほど好きな熱狂的ファンの「アラシック」（ARASICK）は、この内部化の例だろう。

5 態度モデル

では、あるブランドや製品に対する、消費者の態度をどのように予測すればよいのだろうか？　そのため、人々の態度対象の評価に影響を与える複数の異なる要素の結びつきを明らかにしようとする態度モデルを見ていこう。代表的な態度モデルである、多属性態度モデルと、それをベースに態度を測定しようとするフィッシュバイン・モデルを確認する。

多属性態度モデル

　多属性態度モデルは、態度対象への態度は、複数の属性についての信念によって影響されると説明する。これにより企業は、それぞれの属性についての消費者の信念を明らかにして、それを結びつけることで、全体的態度が測定できる。

　基本的な多属性態度モデルには、属性、信念、そして重要性の重みという3つの要素が含まれる。まず属性は、製品など対象の特性である。次に信念は、製品属性についての消費者の認識である。最後に、重要性の重みは、消費者の属性の相対的な重み付けである。この3つの具体例は、次のフィッシュバイン・モデルで確認しよう。

　こうした多属性態度モデルは、前述の標準的学習階層のように認知から始まる態度形成にあてはまるモデルといえるだろう。したがって、関与が高い状況で有効であろう。

 フィッシュバイン・モデル

　フィッシュバイン・モデルは、研究者の間で、最も影響力のある多属性態度モデルで、消費者が考慮したすべてのブランドの各属性の評価に、その属性への重要性の評価を掛け算することによって態度スコアが求められると説明する。

　では、ヒロシのクルマに対する態度を測定していこう。まず、企業は消費者にとっての、クルマの属性を明らかにしようとする。ここでは単純にするために、デザイン、色、燃費、価格の4つとしておこう。

【表5‐1　ヒロシのクルマの多属性態度モデル】

属　　　性	重 要 性	ビートル	フィアット	ミ　　ニ	アウディ
デザイン	7	10	7	8	7
色	6	8	7	10	5
燃　　費	5	5	8	4	6
価　　格	3	5	7	4	4
態度スコア		158	152	148	121

出所：ソロモン（2015）表7.1をもとに著者作成

信念では、ブランドがもつ属性をどのように消費者が認識しているかを評価する。ヒロシがビートルと同時に比較した、フィアット、ミニ、アウディを入れ、それぞれの属性ごとに評価してもらった。ビートルでは、ヒロシは、デザイン10点、色8点、燃費5点、価格5点となった。

　重要性の重みでは、ヒロシは、デザインの重み付けを7点、色6点、燃費5点、価格3点とした。ヒロシはデザインを重視するが、他の人は燃費かもしれない。ブランドの各属性の評価に、その属性への重要性の評価を掛け算する。

　ビートルの態度スコア＝10点（デザイン評価）×7点（デザイン重み付け）＋
　　8点（色評価）×6点（色重み付け）＋5点（燃費評価）×5点（燃費重み
　　付け）＋5点（価格評価）×3点（価格重み付け）＝158点

　こうして計算された、ヒロシの態度スコアはビートル158点、フィアット152点、ミニ148点、アウディ121点であり、ヒロシはビートルに対して最も好意的な態度をもっていることがわかる。

　他のブランドが、この状況を変えるには、いくつかの方法があるだろう。ミニの営業担当になって考えてみよう。第1に、自社の優位な属性をヒロシに対して重要だと納得させる。ビートルに比べてミニが優位な色に着目して、ボディーの多彩な色展開に加えてホワイトまたはブラックのルーフを組み合わせて、他にはないオリジナルなクルマにできることをヒロシに強調する。第2に、自社の評価の低い属性の良さをプロモーションする。ヒロシがミニで評価していない燃費や価格について、それらの評価を改善できるような情報を発信する。第3に、自社が優位となる新たな属性を加える。ミニが公式にミニ・オーナーズ・プログラムを持っていて、楽しいイベントに参加できることを訴求する。

　だが、こうした多属性態度モデルは多く使われたが、態度が行動を予測しないといわれる大きな問題が残るため、さらなる改善が望まれる。

6 おわりに

　この章では、ヒロシのクルマ購入のショートストーリーを通して、態度に影響を与える関与や、態度概念を理解し、そもそも消費者は態度をどのようにして形成したり、変化させたりしているのか、ということについて学んできた。冒頭でみた

「嵐が熱狂的に好き」とか、「アップル製品はクール」とか、「あのショップのサービスは最悪」というような、自分自身あるいは友人の態度について、学んだ理論を通して、少しは説明できるようになったのではないだろうか。さらに、消費者の態度を予測するための態度モデルを学習してきた。

　こうした態度を深く学ぶことは、「好きな異性を、どのように振り向かせるか」から「消費者は、どのようにブランドへの態度を形成するのか」まで、個人においても、企業においても、マーケティングを実践するにあたり大いに使えるだろう。

？考えてみよう

①　製品関与と購買状況関与を説明した上で、それぞれの高い例を考えてみよう。

②　効果の経験階層を考慮した製品をいくつかあげて、その特徴を考えてみよう。

③　近くのスーパーの多属性態度モデルを整理した上で、あなたが２番手の経営者ならどんな戦略を実行するかを考えてみよう。

参考文献

マイケル・R・ソロモン（松井　剛（監訳）、大竹光寿、北村真琴、鈴木智子、西川　英彦、朴　宰佑、水越康介（訳））『ソロモン　消費者行動論』丸善出版、2015年。
青木幸弘『消費者行動の知識』日本経済新聞出版社、2010年。
杉本徹雄（編）『新・消費者理解のための心理学』福村出版、2012年。

次に読んで欲しい本

☆関与概念について、詳しく学ぶには……。
青木幸弘『消費者行動の知識』日本経済新聞出版社、2010年。
☆消費者参加型新製品開発について、詳しく学ぶには……。
小川　進『ユーザーイノベーション：消費者から始まるものづくりの未来』東洋経済新報社、2013年。

第**6**章

意思決定
──なぜそれを買ったのか？

第1章
第2章
第3章
第4章
第5章
第6章
第7章
第8章
第9章
第10章
第11章
第12章
第13章
第14章
第15章

1 はじめに

　皆さんの中には、消費者の購買行動といえば、「コーチの財布を買う」とか「G-SHOCKの時計を買う」のように、「お金を支払って、製品を手に入れる行為」だと考えている人も多いだろう。しかし、消費者の購買行動は、買う段階だけではなく、その前後におけるさまざまな活動を含む一連のプロセスとしてとらえるべきものである。

　この一連のプロセスは、購買意思決定プロセスと呼ばれる。典型的には「問題認識」から「情報探索」「代替製品の評価」「購買決定」、そして「購買後の行動」までの5つの段階からなる。マーケターは「購買決定」にばかり注目せず、この購買意思決定プロセス全体に目を配らなければならない。

　だが、すべての購買において、この5段階すべてをこの順番に通過するわけではない。日常的な購買の場合、ある段階を飛ばすこともあるし、順序が逆になることもある。たとえば、いつも同じブランドの歯磨き粉を買う人は、歯磨き粉がなくなったら、情報探索や代替製品の評価をすることなく、すぐに決まったブランドを選ぶだろう。そんな丁寧に評価をすることよりも、早く入手することのほうが大事だからだ。

　もちろんこのモデルは、第5章で述べた父・ヒロシがビートルを買ったときのようなこだわりの高い（高関与）購買行動を説明できる。さらに歯磨き粉の購買のようなこだわりの低い（低関与）買い物も含めて、あらゆる購買意思決定プロセスを考える上で便利だ。

　この章では、「意思決定者としての消費者」という観点から、消費者がどのように消費について意思決定しているのかをとらえる。まずは、関与が高い購買の例として、弟のショウタがノートパソコンをどのように選び購入したのかを見ていきたい。

2 ショウタがパソコンを購入する

　アニメとアイドルをこよなく愛するショウタ。夏休み、オタク仲間が、オシャレ

【図6－1　MacBook Airを楽しむショウタ】

な「MacBook」をどや顔で軽々と持ち歩いているのを見て、「イケてる！　欲しい‼」と思った。そもそも、今使っているパソコンは重すぎだ。夏休み中、ゼミの課題で、グループワークをしなければならないというのに、持ち歩くのはうんざりだ。

　そこで、思い切って、最近ご機嫌な父のヒロシに、「新しいパソコンが欲しい！」とねだってみた。この夏、ボーナスがたくさん出たようで、ヒロシは快諾。ラッキー！

　早速、ショウタはアップルのホームページを見てみた。価格や機能・性能（プロセッサの処理速度、メモリやストレージの容量、バッテリー駆動時間、ディスプレイの解像度など）、サイズ、重量といった情報の組み合わせから、MacBookにもいくつか種類があることを確認する。でも、どれが良いのかいまひとつ、ピンとこないので、近所の家電量販店に行って店員さんに相談してみた。なるほど店員さんの説明は、さすがにわかりやすい。親身に相談に乗ってくれた店員さんにお礼を言い、教えてもらった情報から改めて自分なりに評価基準を作って、いろんなタイプのMacBookを比べてみた。

　ヒロシから言われた予算は15万円以内。痩せ型のショウタにとって、もちろん軽さは大事なポイントだ。けれども大好きなアニメやアイドルの画像を見るには、ある程度、画面は大きいほうが良いから、13インチは譲れない。ディスプレイの解像度も大事だ。ストレージの容量も大きいほうが良い。そうだ、「学生さんがよ

く使うWordやExcel、PowerPointを使うには、別途ソフトの購入が必要です」と店員さんが言っていたから、この分の価格も予算に入れないといけない。

　色々と考えた結果、今回は「MacBook Air 13インチ」を購入することを決意。15万円という制限の中で、大きさと軽さが大きな決め手となった。早速ヒロシに電話をして確認をとる。日頃からアップル製品を愛用しているヒロシはMacBook Airを買うことに大賛成。ホッと一安心、やはり自分の選択は正しかったのだと確信。夕方、仕事帰りのヒロシと待ち合わせして買ってもらい、念願のパソコンを入手する。

　翌週、早速大学に持っていく。軽くて薄くてカッコ良く気分は上々だ。通りすがった同級生にさりげなく見せびらかし自慢する。でも気を付けなければいけない。アイドル画像とアニメ動画が大量に保存されているのだ。中身を見られてネタにされるのだけは避けたいところだ…。

3　問題認識

　では、購買意思決定プロセスの「問題認識」から「情報探索」「代替製品の評価」「購買決定」、そして「購買後の行動」までの５段階のステップを順に見ていこう（図６－２）。

　まず第１段階の問題認識から始まる。問題認識とは、「現状」と「理想的な状態」との間に大きな隔たりがあることを知覚し、それが解決されるべき問題であることを認識することである。この隔たりを埋めるため、つまり問題を解決する手段として、製品の購買と消費が検討され始める。それゆえに、この段階は「ニーズ喚起」

【図６－２　購買意思決定プロセス】

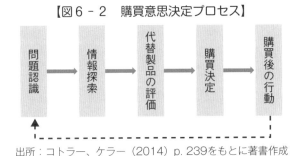

出所：コトラー、ケラー（2014）p. 239をもとに著書作成

【図6 - 3 問題認識の生起条件】

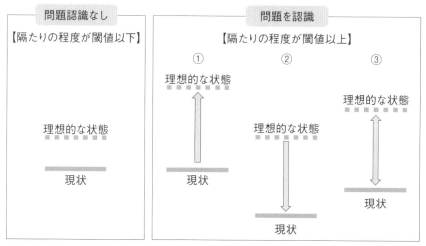

出所：ソロモン（2015）図8.3をもとに著者作成

とも呼ばれる。

　図6 - 3を見てみよう。購買意思決定プロセスが開始される条件を考えると、それは、①理想的な状態のレベルが上がるか、②現状のレベルが下がるか、あるいは、③その両方が同時に起きるか、である。いずれの場合においても、それは知覚上の変化でよい。両者間の隔たりの大きさが許容範囲を越えたとき、消費者は購買意思決定へと駆り立てられることになる。

　たとえば、彼女ができて、転職にも成功し、見栄えの良い新車を欲しいと思うビジネスマンがいたとすると、彼は、自分の「理想的な状態」のレベルを上げたことになる。これにより、高級外車に対するニーズが喚起されるかもしれない。

　一方、家族が増え、車内スペースを手狭に感じたドライバーは、自分の車に対して不満を抱くことになる。つまり、自分の「現状」のレベルが下がったように感じる。こうして、室内空間が広く積載能力が高いファミリーカーに対するニーズが喚起されるかもしれない。

　ショウタは、友人がオシャレなパソコンを軽々と持ち運んで使う姿を間近で見て憧れを抱いたと同時に、夏のゼミの課題をこなすにあたり、今手持ちのパソコンの重量が持ち運びするには重いと不満を感じた。つまり、自分の「理想的な状態」のレベルが上がるのと、「現状」のレベルが下がったように感じることがほぼ同時に起きたことになる。こうして、購買意思決定プロセスが開始される条件が整ったと

ころで、ヒロシに買って欲しいと言い出し承諾を得ることによって、一気に購買意思決定へと駆り立てられることになったのである。

　ここで重要なことは、現状あるいは理想的な状態の知覚レベルに影響を与える要因を把握することである。ショウタのように友人・知人・家族からの影響もあるが、企業からのマーケティングもまた影響力を持つことがある。したがって、マーケターは、特定のニーズを喚起する状況を把握する必要がある。多くの情報を集めることによって、消費者の関心を刺激するマーケティング戦略を立てることができる。

4　情報探索

　問題を認識した消費者は、それを解決するための情報を必要とする。購買意思決定プロセスの第2段階である「情報探索」は、消費者が妥当な決定を下すために、適切な情報を集めていくプロセスである。

　消費者の情報探索は、大きく「内部探索」と「外部探索」に区分される。「内部探索」とは、購買状況に直面した消費者が、既に自分の記憶の中に蓄積されている関連情報を探索することである。第4章で見た「内部記憶」を探索するのである。これまでの購買経験を積み重ねてきたことで、消費者は多くの製品について、既に記憶の中にある程度の知識を持っている。しかし、記憶の中に十分な情報がないと判断した場合には、インターネットで調べたり、カタログや雑誌を見たり、友人にメールや電話をしたり、実際にお店に足を運んだりして、外部の情報源から追加的な情報を入手するだろう。これが「外部探索」である。第4章でいう「外部情報」を探索するということである。

　消費者が内部探索のみで意思決定を行うかどうかは、内部情報（既存知識のこと）の量・質と、情報探索能力に依存する。また、内部探索に加えて、どの程度の外部探索を行うのかは、「情報探索コスト」と、入手される「追加情報の価値」を比べることで決められる。ここで言う情報探索コストには、時間的・金銭的・身体的コストが含まれる。一方、追加情報の価値としては、意思決定の適切性や結果への満足度などが考えられる。

　ショウタの場合、パソコンに関して、記憶の中にある程度の知識はあったかもしれないが、量・質ともに不十分だと判断したため、インターネットや、販売員から情報を取得した。インターネットで欲しい情報を得るには多少の時間や手間がかか

アマゾンのレコメンド

　アマゾンで本などの商品を探していると、「よく一緒に購入されている商品」とか、「この商品を買った人はこんな商品も買っています」とか、「あなたにおすすめの商品はこちら」のような言葉とともに、商品の画像とリンクが一覧表示される。買う予定はなかったのに、思わずクリックして買ってしまったという経験がある人も多いのではないだろうか？

　ウェブのユーザー一人ひとりに、その人が興味を持ちそうな商品や情報を自動で抽出して推薦する、こうした機能を「レコメンド」という。

　アマゾンは、ユーザーの行動履歴（購買履歴や閲覧履歴など）から、おすすめするアイテムを決めている。これは「協調フィルタリング」と呼ばれる手法で、ユーザーの行動履歴からアイテム間の類似度を計算し、類似するアイテムを推薦する。簡単にいうと、商品Aは商品Bと一緒に購入されることが多いから、商品Aの購入者に商品Bをすすめるために、「この商品を買った人はこんな商品も買っています」として商品Bを表示するのである。

　ネット通販市場の拡大とともに、レコメンドは、消費者に効率的に商品を売り込める機能として重要性が増している。消費者はインターネットの普及により、膨大な情報を収集できるようになった反面、情報が多すぎて、自分にあった製品やサービスを探すのが難しくなっている。こうした背景の中で、アマゾンを先駆けとして、消費者の情報探索の負荷を軽減してくれる高度なレコメンド機能を持ったサイトが、急速に広まり成果を上げているのである。

　一方で、個人情報の使われ方に不安を感じている消費者も多くいるということを忘れてはならない。企業がレコメンド機能を使用する場合には、こうした消費者に配慮して、個人情報をどこまでどのように利用していくのか、慎重に判断した上で、システムを設計・構築していかねばならない。

るし、家電量販店に出向くにも時間や電車代、労力がかかるが、せっかく新しいパソコンを買うのだから、満足いく買い物をしたいと考えたからであろう。つまり、ショウタは、内部探索では不十分だと判断し、情報探索コストと追加情報の価値を比較した上で、インターネットや販売員といった外部の情報探索を実行したのである。ヒロシのビートル購入（第5章）での行動をみても、親子ともに似たような情報探索の仕方をしていることが分かるだろう。

　なお、「外部探索」については、これを「購買前探索」と「継続的探索」に区分することがある。購買前探索は、特定の製品の購買を前提とし、それに先立って行われる情報探索であり、継続的探索は、日常的に継続して行われる情報探索である。たとえば、冷蔵庫を購入する際、事前に製品カタログをもらって読んだりするのは購買前探索の例である。一方、自動車マニアが、当面購入する予定もないのに自動車雑誌を定期購読して情報を収集するのは継続的探索の例である。

5　代替製品の評価

　次に、第3段階の代替製品の評価である。消費者は、情報探索によって得たさまざまな情報を用い、自らの評価基準やルールに照らして代替案としてのブランドや製品を比較・評価していく。

◆ 補償型ルール

　消費者が代替製品の評価をどのように行うのかは、製品関与や購買状況関与（第5章参照）の程度によっても異なる。関与が高い状況では、入念に計算をして論理的に複雑に評価をするにもかかわらず、同じ消費者でも関与が低い状況では、ほとんど比較・評価を行わず素早くシンプルに製品を購入することもある。
　比較・評価の方法として、第5章では、ヒロシのクルマの購入を通して、「多属性態度モデル」について学んだ。そこでの評価ルールは、「補償型ルール」と呼ばれるもので、ある属性のマイナス面（例：安価ではない）を他の属性のプラス面（例：デザインが良い）で補うことを許す構造となっている（**表6－1**）。すなわち、各属性の評価を属性の重要度で重みづけをして全体評価を計算し、その値の最も高い代替案を選択するというルールである。ヒロシは、態度スコアが158点と最も高いビートルを選択した。このように多属性態度モデルは、計算を全て行うという前提なので、消費者にかかる情報処理の負荷は大きくなる。皆さんも何かを選んで買うときに、このような手間のかかる計算をいちいちしないだろう。

【表6‐1　ヒロシのクルマの多属性態度モデル】

属　　　性	重要性	ビートル	フィアット	ミ　ニ	アウディ	属性別処理 ③辞書編纂型 ④逐次削除型
デザイン	7	10	7	8	7	
色	6	8	7	10	5	
燃　　　費	5	5	8	4	6	
価　　　格	3	5	7	4	4	
態度スコア		158	152	148	121	

ブランド別処理（①連結型、②分離型）

出所：表5‐1（p. 76）に著者加筆

第6章

 ヒューリスティクス

　そこで私たちが実際使うのは、「ヒューリスティクス」と呼ばれる簡略化された評価ルールである。多くの場合、それらの評価ルールは、全部の属性を比較検討するわけではなく、ある属性のマイナス面を他の属性で補うことはない。そのため「非補償型ルール」であるといわれる。代表的な非補償型のヒューリスティクスとしては、①連結型、②分離型（この2つはブランド別処理がされる）、③辞書編纂型、④逐次削除型（この2つは属性別処理がされる）、⑤感情参照型の5つのルールがある。ヒロシの例に則して説明してみよう。

　①連結型ルールと②分離型ルールでは、ひとつひとつのブランドごとに（すなわち表6‐1の場合だと、たとえば左から右への順番で）各ブランドの属性値が比較されていく。これをブランド別処理という。

　まず①連結型ルールは、各属性について最低限満たすべき基準を設定して、1つでもこの最低条件を満たさないものがある場合には他の属性の値にかかわらずその選択肢の検討は打ち切られ、その選択肢は拒絶される。左側のビートルから検討を始めたとするならば、もしヒロシが、すべての属性について6点以上の評価でなければならないと考えていたら、フィアットを選択したであろう。

　これに対して、②分離型ルールでは、各属性について受け入れ可能な基準が設定され、1つでも満たすものがある場合には、他の属性にかかわらず、その選択肢が

採択される。たとえば、ヒロシが「デザインが９点以上、色が９点以上、燃費が８点以上、価格が７点以上」という条件を設定していたとする。もし、このとき、表６‐１の左側のビートルから検討を始めたとするならば、デザインは10点で条件を満たしているのでビートルが選択されることになる。なお、どのブランドから検討するかによって、フィアット、ミニも選択される可能性がある。

　一方、③辞書編纂型ルールと④逐次削除型ルールでは、ひとつひとつの属性ごとに（すなわち表６‐１の場合だと、たとえば上から下への順番で）各ブランドの属性値が比較されていく。これを属性別処理という。

　③辞書編纂型ルールでは、まず１番重要な属性に注目し、そこで最も高い属性値を持つものが選択される。もし最も重視する属性について同順位の選択肢が出た場合には、次に重視する属性で判定が行われる。ヒロシの場合、１番重視している属性はデザインであるため、そこでもっとも高い属性値を持つビートルが選択されることになる。

　④逐次削除型ルールでは、連結型と同様に切捨点が設定されるが、検討は属性別に行われる点で異なる。たとえば、各属性について６点以上の評価を条件として設定していく場合、最も重視するデザインでは４つの車ともクリアして残るが、２番目に重視する色ではアウディが削除され、３番目に重視する燃費でビートルとミニが削除され、結果的にフィアットが選択されることになる。

　最後に、⑤感情参照型ルールは、過去の購買・使用経験から最も好意的な態度を形成しているブランドを選択するというルールである。すなわち、属性の検討を行わず、単に記憶から既に形成されている各ブランドについてのイメージを取りだすだけである。たとえば、ヒロシが昔乗っていたミニについてとても良い思い出がある場合、いちいち属性を見ることなくミニを選択するだろう。

　実際のところ、こうしたヒューリスティクスを使う場合には、消費者は必ずしも終始一貫してどれか１つだけの選択ルールを用いるわけではない。場合によっては、意思決定の段階別に２、３の決定ルールを選択的に組み合わせることもある。たとえば、最初に非補償型ルールを使って選択肢の数を絞り込んでおき、その後、少数になった代替案について補償型ルールを用いるといったことも考えられる。

　マーケターは、消費者が代替品の評価をどのように行っているのかを考察する必要がある。評価プロセスがどのようになされるかを検討することで、消費者の購買意思決定に影響を与える手法をとることが可能となるからである。

【図6-4 代替製品の評価から購買決定に至るまで】

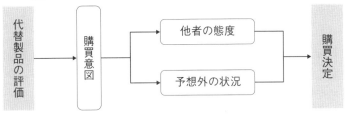

出所：コトラー、ケラー（2014）p. 247をもとに著者作成

6 購買決定

　第4段階は、購買決定である。普通、消費者の購買決定は、最も評価しているブランドや製品を購入しようとする「購買意図」を意味するが、購買意図から購買決定に至る間には、2つの要因が立ちはだかっている（**図6-4**）。

他者の態度

　第1の要因は、「他者の態度」である。自分が選好するブランドの評価が、他者の態度によってどれだけ下がるかは、2つの事柄に左右される。①消費者が好むブランドに対して、他者がどれだけ激しく否定的な態度をとるか、そして、②消費者が、どれほど他者の意思に合わせようという動機付けを持っているかである。他者の否定的態度が強く、その人物と消費者との関係が近いほど、消費者は自分の購買意図を調整しようとする。反対に、自分が選好するブランドを他の誰かが非常に好んでいると、そのブランドに対する買い手の好感はますます強くなる。たとえば、ショウタの場合、ヒロシが元々アップル製品を好んでいて、買いたいパソコンの情報を伝えた時、大賛成してくれたため安堵し自分の選択に対する確信を強めたのである。

　また、ネットで「他者の態度」と同じ役割を果たすものとして、評価・クチコミサイトもある。たとえば、食べログや楽天、アマゾンといったサイトのカスタマーレビューページや、InstagramやYouTube、Twitterでの商品評価である。これらが消費者に少なからず影響を与える。

予想外の状況要因

　第2の要因は、突然発生して購買意図を変える可能性をもたらす「予想外の状況要因」である。ヒロシは急に機嫌が悪くなって今回はなかった話となるかもしれないし、リストラされてパソコンを買うどころでなくなってしまうかもしれない。あるいは、購入しようと決めた機種が在庫切れし、入荷未定で買う気をなくすかもしれないし、店の失礼な販売員のせいで買う気をなくすかもしれない。選好も、購買意図でさえも、購買行動を予想する上で完全に頼りにできる要素ではない。

　このように、たとえ気に入っても、あるいは購買意思があっても、必ずしも実際の購買決定に結び付くとは限らないのである。最終的なブランドの選択・購買は、時として予想外の状況要因の影響などにより、意図と行動（購買）との間にはズレが生じる。

　なお、ある小売店舗に来店した消費者が、当該店舗内で行った意思決定の結果として、来店前の意図や予定になかったモノを購入する場合、そのような購買は「非計画購買」（第9章参照）と呼ばれる。

7　購買後の行動

　最後の段階は、購買後の行動である。購買意思決定プロセスは、特定の製品の購買をもって終了するのではない。マーケターは、消費者の購買後の満足度、購買後の行動、購買後の使用や処分についても理解しなければならない。

 購買後の満足度と購買後の行動

　消費者は購入する前、製品に対して期待を抱いているが、その期待に合致している、もしくはそれ以上の場合には「満足」を得るだろう。一方、もし期待にそぐわなければ「不満」を抱くだろう。消費者の満足度は、製品に対する消費者の「期待」と、消費者による「成果」の差で決まる。

　こうした製品に対する消費者の満足・不満足は、その後の行動に影響を与える。もし満足すれば消費者は、その製品を他人に良く言う可能性が高くなる。また、同

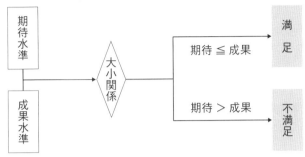

【図6‐5　購買後の満足度】

出所：池尾恭一、青木幸弘、南 知恵子、井上哲浩（2010）『マーケティング』
有斐閣、p.156をもとに著者作成

じ製品・あるいは類似した製品を今後買う確率はかなり高くなる。つまり、満足を得た消費者は、自分の購買が適切であったことを確信し、選択した製品に対する肯定的な態度を形成し、その購買決定を「強化」させるのである。

　ショウタは、購入する前、MacBookに対して期待を抱いていたが、購入後も、その期待に合致する「成果」を感じたため、購入したパソコンに満足している。ショウタは現在、さりげなく見せびらかして自慢している程度だが、今後は積極的に仲間にすすめたり、ブログにお気に入り5つ星評価製品として記事を投稿したりするかもしれない。

　一方、満足を得られなかった消費者は、それぞれのやり方で不満に対処する。期待とのギャップを誇張して不満の程度を強める消費者もいれば、期待とのギャップを最小限に縮めて不満を減らす消費者もいる。前者の消費者の行動としては、他人に悪いクチコミをしたり、製品を返品したり、さらには捨ててしまうこともある。また、場合によっては、メーカーやお店に苦情を言ったり、法的手段を通じて賠償を求めたりすることも考えられる。後者の消費者の行動としては、「認知的不協和理論」（第5章参照）が参考になるだろう。認知的不協和が生じた場合、自らの判断が正しいと思えるように、何らかの正当な理由を探して、それを減少しようと努める。

　このような購買後の評価は、消費者自身にフィードバックされ、経験ないし知識として蓄積される。そしてその経験や知識は、消費者が次回の購買意思決定プロセスをたどる時に、内部情報として再生され影響を与える。

Column 6 - 2

リレーションシップ・マーケティング

　リレーションシップ・マーケティングとは、消費者と良好な関係を築くことで、長期間に渡って取引を継続しようというマーケティングの考え方である。1回ごとの取引で最大の収入を得ることよりも、顧客に満足感を与えることで次回の取引を行う可能性を上げ、長期的な利益を増やすことを重視している。

　リレーションシップ・マーケティングは、特にバブル崩壊の1990年代から注目されている比較的新しいアプローチであるが、発展した背景には、いくつかの理由がある。

　まず、市場の成熟により、新規顧客の獲得が困難になったことがあげられる。市場における競争や淘汰が進み、今では製品志向のマーケティングでは、長期的に差別化したり、継続して安定した利益を確保したりすることが難しくなっている。したがって、新規顧客の獲得に多大な力を注ぐよりも、既存顧客をリピーター化し、顧客満足を維持することで、さらなる販売機会を得ることの方が効率的であると考えられたのである。

　また、情報技術の進歩とそれに伴う取引関連コストの低下という影響もある。情報技術の進歩は、顧客とのリレーションシップ構築を促進する有効なツールを提供してくれる。たとえば、顧客データベースを構築して購買履歴を蓄積し、購買パターンを追跡したり、製品・サービスの内容や広告・プロモーションをカスタマイズしたりすることも、情報技術の進歩によって以前よりも大幅に低コストで行うことが可能となった。

　そして、消費者側の変化もあげられる。高度経済成長からバブル経済を経て、日本の消費者は物質的には十分すぎるほど満たされた消費者となり、企業の側が一方向的に考えを押しつける製品には目を向けなくなってきた。むしろ消費者は自ら創造し編集して製品やサービスを消費する傾向が強くなってきた。そうした中で、企業と消費者が相乗効果をもたらす双方向的コミュニケーションを行い、両者が一体化した中で、価値を共創していこうというリレーションシップ・マーケティングの考え方が支持されてきたのである。

購買後の使用と処分

　マーケターは、消費者が製品をどのように使用するのかを観察しておくことが重要だ。もしその製品がタンスの肥やしになっているなら、消費者は満足していないと考えられる。製品を売ったり交換したり、貸し借りされていたら、新品の売上は落ち込むはずだ。あるいは、もし消費者が本来の目的とは違った用途で製品を利用していることがわかれば、新しいマーケティング戦略の手法が見えてくるかもしれない（第15章参照）。

　また、製品がどのように処分されるのかについても知っておく必要があるだろう。環境保護やリサイクルへの関心の高まりを受け、たとえば、飲料の容器や、電池、小物家電、使い捨てオムツ・カミソリの刃など多くのものが、製品のリサイクルや処分を容易にできるかどうかということが、製品の重要な属性になってきた。

　このようにマーケターは、消費者の購入前だけではなく、購買後の評価や使用と処分についても留意する必要がある。

8 おわりに

　この章では、典型的な消費者の購買意思決定プロセスの5つの段階（問題認識、情報探索、代替製品の評価、購買決定、購買後の行動）について学んできた。ここで理解すべき重要な点は、消費者の購買意思決定プロセスは、一連の段階からなっているということである。

　もちろん、冒頭でもふれたが、実際には、ある段階を飛ばすこともあるし、順序が逆になることもある。しかし、消費者の典型的な意思決定プロセスを理解しておくことによって、自分が企業で働いたり、お店を経営したりしようとする際に、各段階においてどのようなマーケティング施策が打てるか、考えを巡らせるための道具として活用することができるだろう。

　そのため、今後は注意して、消費者が購入を決め支払いをする時のみにとどまらず、消費者が製品を知り、評価し、選び、使い、そして処分するまでのプロセス全体に目を配ることが重要であろう。

？考えてみよう

1. 購買意思決定プロセスの５つの段階を順番に通過すると想定される製品カテゴリーを３つあげてその特徴を考えてみよう。

2. 最近購入した最も高額製品において、どのような製品属性を考慮し、主にどのような評価ルールを用いてその製品を選びだしたのか考えてみよう。

3. 友人の最近購入したブランドの購買プロセスをインタビューした上で、５段階の購買意思決定プロセスにあてはめて、簡潔に整理してみよう。

参考文献 ●

青木幸弘『消費者行動の知識』日本経済新聞出版社、2010年。

フィリップ・コトラー、ケビン・レーン・ケラー（恩藏直人（監修）、月谷真紀（訳））『コトラー＆ケラーのマーケティング・マネジメント（第12版）』丸善出版、2014年。

マイケル・R・ソロモン（松井　剛（監訳）、大竹光寿、北村真琴、鈴木智子、西川英彦、朴 宰佑、水越康介（訳））『ソロモン　消費者行動論』丸善出版、2015年。

次に読んで欲しい本 ●

☆消費者の意思決定とマーケティング戦略の展開を学ぶには……。

清水　聰『戦略的消費者行動論』千倉書房、2006年。

☆消費者の意思決定に関する基礎理論と応用研究を学ぶには……。

守口　剛、竹村和久（編）『消費者行動論：購買心理からニューロマーケティングまで』八千代出版、2012年。

第 **Ⅱ** 部

個人消費者へのマーケティング

第1章
第2章
第3章
第4章
第5章
第6章
第7章
第8章
第9章
第10章
第11章
第12章
第13章
第14章
第15章

第 7 章

セグメンテーション
──なぜ人の好みはこんなにも違うのか？

1 はじめに

　この教科書を読んでいる皆さんの多くは、消費者行動論の授業を取っているのではないだろうか？　周りを見わたしてほしい。クラスメートの多くは、皆だいたい同じような年齢で、1か月に使えるお金もだいたい似たような金額だろう。しかし、好みはきっとバラバラではないだろうか？　たとえば、好きな洋服のタイプも違うだろうし（カジュアルとエレガントなど）、好きな食事のスタイルも違うだろう（外食派と自炊派など）。休日の過ごし方も異なるかもしれない（アウトドア派とインドア派など）。同じ性別で職業も同じで、同じような年齢で、同じような所得であっても、人は十人十色なのである。

　第1章で説明したように、マーケティングでは、まずお客さんの集合である市場を何らかの基準で分ける必要がある（これをセグメンテーションという）。人の好みは千差万別なので、すべての人に向けたモノやサービスを作ろうとすると、製品コンセプトが曖昧になり、結果的に誰も買わない魅力のない製品になってしまうことが多い。だから、セグメンテーションを行い、ターゲットとなる消費者層を特定し、そのお客さんが喜ぶ4Ps（覚えていなければ第1章をおさらいしよう）を展開するのだ。しかし、セグメンテーションは単に市場を分ければよいというものではない。

　セグメンテーションは、魅力的なターゲット層を特定するために行わなければならない。そのために必要な軸や切り口を発見することが重要なのだが、これが意外と難しい。企業のマーケティングでは、年齢や性別、所得などにもとづいたセグメンテーションがよく使われているが、このセグメンテーションのみでは、冒頭であげたような個々の消費者の違いをとらえることは難しい。モノやサービスが溢れ、価値観が多様化している現代においては、消費者の心理的特性、行動的特性を理解することが重要なのだ。

　この章では、姉のアイと会社の同僚のリオのショートストーリーを通して、市場のセグメンテーションで使える軸について考えてみよう。

2 流行に敏感なアイと堅実なリオ

　アイは、丸の内にオフィスがある損保会社に勤めている。今年で入社5年目。最近、チームリーダーに任命され、初めて部下を持つことになった。社会人として、新たなステージに突入した感もある。仕事はちゃんと責任を果たすけど、やっぱり人生は楽しまなくちゃ。アイの関心をパーセンテージで表すと、仕事30%、彼氏20%、ファッション20%、グルメ15%、遊び15%といったところだろうか。

　そして、季節は7月。待ちに待った夏のボーナスが支給された。アイはさっそくどんな風に使うか、頭を悩ましている。彼とのデート用に今年流行の夏ワンピースも欲しいし、夏休みに旅行もしたい！　あと、次の女子会では少し奮発して、今話題のリムジン女子会をしてみたいな（それからこっそり1人でホルモン焼きも！）。あっ、でも、今年はチームリーダーにもなったし、高級ブランドの腕時計も手に入れたいところ。ちょっとは仕事ができる風のイメージにもなりたいし…。これじゃあ、ボーナスがいくらあっても足りないかも。

　アイは、同僚のリオに相談することにし、ランチに誘った。リオはアイの話に相槌を打ちつつも、自分の使い道についてはあまり話さない。「どんな風にボーナスを使うの？」とアイはたずねてみた。するとリオは、「んー。まだどうするか決め

【図7‐1　堅実なリオと流行に敏感なアイ】

てないんだけど…。とりあえずは貯金かな」と答えた。「あまり欲しいものはない」のだという。考えあぐねたあげく、「家族と食事ぐらいは行こうかな」という。

　同期入社で、さらに出身大学も同じなのに、なんでこんなにも違うんだろうかと、アイは改めて驚いた。やっぱり2人の性格もライフスタイルも正反対だもんね。アイは好奇心が旺盛で、流行に敏感なタイプ。だから、ソーシャルメディアや感度の高い友人から情報を常に仕入れていて、いろいろと試してみたいほうだ。だけど、リオはちょっと違う。どちらかといえば、まじめで買い物も計画的に行う。入社してから、質の良いスーツを毎年数着ずつ揃えてきたし、靴やバッグも入社時に購入したものがまだまだ使えるので、今買う必要なものはないそうだ。

　たしかに、ランチも、アイは話題になっているレストランに敏感で、いろいろと試してみるほうだけど、リオは割とお弁当を持参しているイメージ。2人が好きなブランドも全然違う。アイは思った。世の中にこんなにたくさんのファッションブランドがあるのは、きっとこうした好みの違いがあるからだろう、と。

3 セグメンテーション

　アイとリオがまったく違うように、消費者は多くの面でそれぞれに異なっている。そしてこの個人の特性は、消費者の意思決定に影響を与える。同じ環境に置かれていたとしても、個人特性が異なれば、そこでとられる行動は異なることが多い。アイとリオの場合、2人が一緒に買い物に出かけたとしても（同一の環境）、購買の意思決定のしかたや実際に買うもの（行動）は、2人の間でおそらく違う。

　個人特性にはさまざまなものがあるが、性別、年齢、ライフサイクルの段階、職業、所得などのデモグラフィクス（人口統計的変数）特性と、パーソナリティ、自己概念、ライフスタイル、価値観などのサイコグラフィクス（心理的変数）特性に大きく分けることができる。セグメンテーションでは、デモグラフィクス特性がもっともよく使われる。デモグラフィクスの変数が他の変数より測定しやすいからである。しかし、デモグラフィクス特性では、「なぜ」彼らが買うのかといった購入の動機などをとらえることは難しい。そこで、この「なぜ」を明らかにしてくれるサイコグラフィクス特性に、最近、注目が集まりつつある。アイとリオの例にみられるように、同一のデモグラフィクス・セグメントに属する人々でも、まったく異なるサイコグラフィクス特性を示すことがある。しかし、市場の規模や、効率的

に市場にリーチできる媒体を判断するためには、デモグラフィクス特性とのつながりに立ち戻る必要がある。そこで、最近のセグメンテーションでは、デモグラフィクス特性とサイコグラフィクス特性の両方を含めたものが多い。

　デモグラフィクス特性とサイコグラフィクス特性の他に、地理的変数（地域、人口規模、人口密度、気候など）や消費者の行動に関係する変数（製品に対する知識、態度、使用法、ブランドに対する反応など）でセグメンテーションを行う場合もある。どの軸が使われるにしろ、重要なのは、消費者の違いを認識し、自社のモノやサービスにとって魅力的なターゲット層を特定し、そのターゲット層のお客さんが満足する4Psを開発することである。

　以下、デモグラフィクス特性とサイコグラフィクス特性について、もう少し詳しく見ていこう。

4 デモグラフィクス

　ここでは、デモグラフィクス特性の中でも、性別、年齢とライフサイクル、世代、職業と経済状態、社会階層といった変数をとりあげ、それぞれの変数を軸として市場をセグメンテーションした場合、消費者行動にどのような違いが見られるか（あくまでも例にしかすぎないか）を説明する。デモグラフィクス特性の変数は測定も比較的簡単であり（男性か女性か、何歳か、といった質問に答えてもらう）、どちらかというと客観的なデータである。また、総務省統計局などから公的データの入手が可能であるため、コストをかけずに市場規模の算出を行うこともできる。

性　別

　先行研究によれば、男性と女性では、行動の取り方が異なる場合が多いという。買い物のしかたも男女で異なる。たとえば、男性は多くの場合、製品のスペックを比較し、客観的に選択しようとするが、女性は、全体をイメージでとらえて、感覚的（その製品を購入すると、自分がハッピーになるかなど）に選択することが多い。また、男性は買い物の結果さえよければいいので、どう買うかといったプロセスにはあまりこだわらない。反対に、女性は買い物のプロセスにこだわる。また、女性は共感してもらいたい傾向にあるので、買い物について友人に相談したり、店で店

員と話したりすることが多い。友人に「素敵ね」「私も欲しい」と言ってもらえると、嬉しさが増す。アイがリオにボーナスの使い道を相談しているのも、実は共感を求めているからなのだ。

年齢とライフサイクル

　食べ物、ファッション、娯楽などの好みは、たいていは年齢に応じて変わっていく。若いうちはこってりとした肉料理が好きでも、年を重ねるとさっぱりとした魚料理を好むようになる、といった話を耳にしたことはないだろうか？　アイがホルモン焼きに行きたがるのも、彼女がまだ20代だからかもしれない。

　また、消費は、人のライフサイクル（出生、成長、成熟、老衰、死亡）上でのライフステージ（人生の段階）の影響も受ける。このことについては第11章で詳しくとりあげるので、ここでは触れないでおこう。さらに、結婚、出産、病気、転居、離婚、転職、家族との死別といったライフイベント（人生で大事なできごと）も、消費者行動に影響を与える。アイも出世（チームリーダーに就任）というライフイベントに、仕事の上司という新たな社会的役割を担う上で、高級ブランドの腕時計の購入を検討している。他にも、転居時の新しい家具の購入や、家族との死別後の遺品の処分など、ライフイベントと消費は大きく関わっている。

世　　代

　消費者は皆、自分たちが育った時代に深い影響を受けている。同世代に属するメンバーは、主な文化的、政治的、経済的体験を共有し、同じようなものの見方や価値観を持っている。日本の世代は、戦争の影響を受けた戦中世代（1930〜38年生まれ）、戦後世代（1939〜45年生まれ）、団塊の世代（1946〜50年生まれ）、その後の大衆消費社会に育った断層世代（1951〜60年生まれ）、新人類世代（1961〜70年）、団塊ジュニア世代（1971〜78年生まれ）、バブル景気後に青年期を通過するバブル後世代（1979〜83年生まれ）、少子化世代（1984〜1988年）、ゆとり世代（1989〜1993年）、そしてデフレ世代（1994〜2000年）に分けられる（この区分は、JMR生活総合研究所による）。

　アイとリオはともに1992年生まれなので、ゆとり世代である。この世代は、バブル景気を経験した親（ヒロシとユミコも！）に育てられているため、消費者とし

ては児童期からすでに成熟している。アイは、バブル景気の頃にOL時代を謳歌したユミコに育てられたので、子供の頃からおしゃれだった。一方で受験戦争や就職氷河期に遭遇したバブル景気後を知っているため、この世代は強烈な自己主張は持たない。だからアイも、就職先として堅実な大手損保会社の事務職を選んだ。この世代の最大の特徴とは、仲間や大人の評価を適度に頭に入れ、現実的な目標に向けそれなりに努力することであるといわれている。

職業と経済状態

　職業も消費者行動に影響を与える。丸の内のキャリアウーマンであるアイとリオは、会社勤めに必要なスーツとパンプスを買うだろう。クリエイティブな職業に就いている人ならば、スーツはあまり必要ないかもしれない。けれども、デザインに必要なPCとソフトウェアは絶対に購入するだろう。

　消費は経済状態にも大きく左右される。アイが欲しい高級腕時計のようなラグジュアリー消費が、ボーナスの直後に行われることが多いのは、支出可能な収入に余裕ができるためである。また、可処分所得が多い人のほうが、生活必需品でないものをより消費する傾向にある。

社会階層

　社会階層とは、職業、所得、教育あるいはその他の経済的地位指標を用いて、社会を複数の集団に分けたものである（第13章参照）。社会的資源（財、貨幣、サービス、権力、知識など）が、人々のあいだに不平等に分配されている状態ともいえる。日本でも「格差社会」という言葉が話題になったように、社会階層が存在している。小石川家は、日本の社会でみると、世帯所得が平均以上で比較的裕福だし、アイもショウタも4年制大学に通っているので、中流階級の上のほうに位置するだろう。

　社会階層は、自動車、ファッション、小売店、レジャー活動など、さまざまな消費の選好に強い影響をおよぼす。そのため、多くの企業が、特定の社会階層に合わせてモノやサービスを設計している。たとえばアメリカン・エキスプレスが提供する「センチュリオン・カード」のように、富裕層をターゲットとしたモノやサービスが存在している。

5　サイコグラフィクス

　デモグラフィクス特性は使い勝手がよい反面、「なぜ」消費者がそのような行動をとったのかということがわからないため、表面的な理解に終わってしまう。そこで、サイコグラフィクス特性に注目が集まっている。サイコグラフィクス特性は、通常、質問項目に対する反応として測定されるため（「理想や夢を持って生活したい」といったような質問に対して、7段階尺度（1：「まったくそう思わない」～7：「とてもそう思う」）などからあてはまる数字を選択して回答）、年齢や性別のような客観的変数ではない。しかし、消費者の行動の要因をより深く理解するために有用である。たとえば、「20代にシリアルの購入者が多い」ということだけよりも（デモグラフィクス特性によるシリアル市場のセグメンテーション）、「健康志向が高い人はシリアルをよく購入する」（サイコグラフィクス特性によるシリアル市場のセグメンテーション）や「20代は健康志向が高い」（デモグラフィクス特性とサイコグラフィクス特性）ということもわかれば、企業はより具体的な対策を考えることができるだろう。

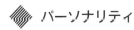 パーソナリティ

　パーソナリティは、人格と訳される。より詳細には、性格、気質、興味、態度、価値観などを含む、個人の統合体であると考えられる。周囲の刺激に対して、比較的一貫した反応を継続的に示す個人の心理的特性ともいわれる。誰にでもパーソナリティがあり、消費者行動に影響を与える。

　人のパーソナリティを説明する上でもっともポピュラーなものが「ビッグ・ファイブ」（Big Five）と呼ばれるものである。ビッグ・ファイブでは、人間のパーソナリティは、①経験への開放性、②誠実性、③外向性、④協調性、⑤情緒不安定性といった5つの要因の組み合わせで構成される。①経験への開放性は、どれだけ開かれているのかを表す要因で、知的好奇心の強さ、想像力、美の理解・興味、新しいものへの親和性、遊び心などに関係する。②誠実性は、まじめさを表す要因で、自己統制力、達成への意志の強さ、計画性などに関係する。③外向性は、積極的に外の世界へ行動していく志向性を意味する要因で、社交的、活動的、上昇志向、エ

Column 7 - 1

VALS（Values and Lifestyles：価値観とライフスタイル）

　サイコグラフィクス特性を活用した市場セグメンテーションのひとつにVALS
と呼ばれるものがある。1980年代にスタンフォード研究所（SRI）、スタンフォー
ド大学、UCバークレー校の共同作業によって開発された。最新版のVALS2では、
サイコグラフィクス特性に関する35の質問と、デモグラフィクス特性に関する
4つの質問で、米国人消費者を8つのセグメントに分類している。

　このVALSを日本市場に適応させたのが、Japan-VALSである。それは、日本
人消費者を10のセグメントに分類している。生活における志向性（昔からのや
り方、職業的達成、革新、自己表現）と、社会の変化に対する態度（持続的、実
用的、適応的、革新的）という2つの消費者コンセプトにもとづいている。

　具体的には、①革新創造派（新しいものに積極的な消費のリーダー層で、広範
囲な関心を持ち、トレンドにも目を配る人々）、②自己顕示派（レジャー・ファッ
ション享楽層で、流行に敏感で、今をエンジョイする人々）、③自己派アダプ
ター（自己顕示派を追う人々）、④社会達成派（キャリア・社会志向の強い良識
層で、社会的・文化的関心が強く、目標の達成に向け努力する人々）、⑤社会派
アダプター（社会達成派を追う人々）、⑥伝統尊重派（日本の文化伝統を守り、
継承する層で、義理・分別を重んじる人々）、⑦伝統派アダプター（伝統尊重派
を追う人々）、⑧同調派（社会潮流に遅れて参加する層で、自分から積極的に新
しいものを求めないが、周囲の意見は尊重する人々）、⑨雷同派（社会の流れに
鈍感な保守層で、流行には関心を示さず、変化を好まない人々）、⑩つましい生
活派（社会の流れに関心が低い層で、静かな生活を志向する人々）、の10類型で
ある。ちなみにアイとリオは、それぞれ②自己顕示派と⑧同調派に属する。

第7章

ネルギッシュな傾向を表す。④協調性は、やさしさに近い要因で、利他性、共感性、
嘘偽りない態度、控えめといったことが関係する。そして⑤情緒不安定性は、敏感
さ、不安や緊張の強さを意味する要因で、これが高いと感情面・情緒面での不安定
さやストレスを感じやすく、逆に低いと情緒が安定している。アイのパーソナリ
ティは、①経験への開放性と、③外向性が高く、一方のリオは、②誠実性が高い。

　パーソナリティは、消費者のブランド選択にも影響を与えるといわれている。こ
れは、ブランドにもパーソナリティがあり、消費者は自分と合致するパーソナリ
ティを持つブランドを選ぶ傾向にあるためだ。アイの場合、自由でエキサイティン

グなイメージがあるブランドが好きで、パソコンやスマホは絶対にアップルと決めている。リオは、一貫性があって、責任感が感じられるブランドを好む。だから、パソコンもおしゃれさよりも、しっかりしているイメージがあるパナソニックのレッツノートを選ぶことが多い。

◆ ライフスタイル

　アイとリオのように、同じ職業、社会階層の人でも、ライフスタイルがまったく違うこともある。ライフスタイルとは、「生活課題の解決および充足のしかた」ととらえることができる。具体的には、人々の生活のしかた、お金の使い方、選択するモノやサービス、行動のパターンとして考えることができる。

　ライフスタイル分析の代表的手法として、AIOアプローチがある。このアプローチは、消費者のライフスタイル特性を、A（Activity：活動性。どのようなことに時間を使っているか？）、I（Interest：関心。どのようなことに興味・関心をもっているか？）、そしてO（Opinion：意見。政治、社会問題など、さまざまなできごとをどう感じているか？）という3つの次元でとらえようとするものである。AIO分析では、この3つの側面とデモグラフィクス特性について質問することで、

【表7-1　AIO分析に含まれる次元とその要素】

活　　　動	関　　　心	意　　　見	デモグラフィクス
仕　　　事	家　　　族	彼ら自身	年　　　齢
趣　　　味	家	社会問題	教　　　育
社会イベント	仕　　　事	政　　　治	収　　　入
休　　　暇	コミュニティ	ビジネス	職　　　業
エンターテイメント	休　　　暇	経　　　済	家族人数
クラブ会員	ファッション	教　　　育	住　　　居
地　　　域	食　　　事	製　　　品	地　　　理
買 い 物	メディア	将　　　来	都市の規模
スポーツ	達　　　成	文　　　化	ライフステージ

出所：Wells, W. D. and Tigert, D. J. (1971), Activities, Interests, and Opinions, *Journal of Advertising Research*, 11(4), pp. 27-35をもとに著者作成

生活全般、あるいは特定の生活領域や製品カテゴリーに関するライフスタイルを測定しようとする。**表7－1**にAIO分析に含まれる次元とその要素をまとめた。アイとリオのAIO分析の結果は、まったく異なる。たとえば、「あなたは、今後の暮らしの中で、どのような面にとくに力を入れていきたいと思いますか?」という質問に対し、アイは「衣生活」を、リオは「貯蓄」を選択した(ちなみに、その他の項目には、「住生活」「食生活」「耐久消費財」「レジャー」「教育・教養」「その他」「とくにない」がある)。この違いは、ボーナスの使い道として、アイはファッション関連を多くあげており、リオはとくに欲しいものがないという消費態度にも見てとれる。

◆ 価 値 観

　消費者の意思決定は、価値観にも影響される。ここでいう価値観とは、消費者の態度や行動を決定づける物事の価値についての考え方である。もっと平たくいうと、何が大事で何が大事でないかという判断である。最近では、消費者の価値観が多様化しているため、消費者ニーズの把握が難しくなっているという声がよく聞かれる。日本では、バブル崩壊前後から消費者の価値観が多様化し始めたといわれている。価値観の多様化により、現代の消費者は、自分が本当に求めるモノやサービスを自分の基準で選択して、消費を行っているのである。

6 おわりに

　本章では、姉のアイと同僚のリオのショートストーリーを通して、企業が市場のセグメンテーションで使える軸について見てきた。性別、年齢、ライフサイクルの段階、職業、所得などのデモグラフィクス特性は、データの測定も比較的簡単で使い勝手がよいが、表面的な理解に終わってしまう可能性がある。アイとリオのように、同じ年齢で同じ大学出身、同じ職場に勤めていて給料も同じくらいでも、パーソナリティやライフスタイルが異なると、消費行動がまったく異なるからである。ゆえに、最近ではパーソナリティ、自己概念、ライフスタイル、価値観などのサイコグラフィクス特性に注目が集まっている。実際のセグメンテーションでは、デモグラフィクス特性とサイコグラフィクス特性の両方が活用されていることが多い。

第7章

Column 7 - 2

動機・欲求でセグメンテーションするポッキー

　ポッキー（江崎グリコ）というと、スティック菓子の代名詞とも言えるほど、日本では（最近では、海外でも）人気が高い。1966年の発売以来、2000年ごろまでは市場を独占してきたが、1994年にトッポ（ロッテ）、1999年にフラン（明治）が発売されてから、競争が激しくなり、戦国時代を迎えている。発売から最初の20年は、「ポッキー」と「アーモンドポッキー」、そして子供向けの「いちごポッキー」の3種類のみの展開だったが、最近では、消費者の多様なニーズに応えるため、「クラッシュポッキー」や「ポッキーミディ」なども含めたさまざまな製品を発売している。

　ポッキーのマーケターは、チョコレート市場を動機・欲求でセグメンテーションし、消費者の理解に努めている。マーケターが調べたところ、日本人消費者には、チョコレート菓子に対して、①癒し、②コミュニケーション、③活力、④別腹満たし、⑤楽しみ、⑥懐かしさ、⑦健康・美容、⑧子供といった8つのニーズがあった。ポッキーは、とくにコミュニケーション・セグメントにターゲティングし、ブランド・スローガンを「Share happiness! Pocky～分かち合うって、いいね！～」とした。チョコレート菓子に対するコミュニケーションのニーズとは、「チョコレート菓子とは楽しい会話をうながしてくれる」というものである。具体的には、旅行中に友人や家族とみんなでワイワイと食べたり、大切な人との距離を近くしてくれたりする。

　ポッキーは、さらにこのコミュニケーション・セグメントを性別や年代などのデモグラフィクス特性でセグメンテーションし、さまざまな製品ラインアップで、あらゆる消費者層を取り込んでいる。

　どの軸を使うにしろ、重要なのは、消費者の違いを認識し、自社のモノやサービスにとって魅力的なターゲット層を特定し、そのターゲット層のお客さんが満足する4Psを開発することである。そうすれば、適切なお客さんに、適切なモノやサービスを、適切な方法で売ることができる。

？考えてみよう

① 平均的な日本人大学生の消費者像を考えて、それを友人と共有してみよう。また、自分の消費者像と友人の消費者像がどれくらい似ているのかを比べてみよう。

② サイコグラフィクス・セグメンテーションを活用しているモノやサービスを探してみよう。

③ 特定のライフスタイルとモノやサービスを結びつけているマーケティング・キャンペーンを探してみよう。

参考文献

フィリップ・コトラー、ケビン・レーン・ケラー（恩藏直人（監修）、月谷真紀（訳））『コトラー＆ケラーのマーケティング・マネジメント（第12版）』丸善出版、2014年。
マイケル・R・ソロモン（松井　剛（監訳）、大竹光寿、北村真琴、鈴木智子、西川英彦、朴 宰佑、水越康介（訳））『ソロモン 消費者行動論』丸善出版、2015年。

第7章

次に読んで欲しい本

☆心理的特性や行動的特性と消費者行動との関係についてより詳しく学ぶには……。
杉本徹雄（編）『新・消費者理解のための心理学』福村出版、2012年。
☆セグメンテーションについてより詳しく学ぶには……。
小川孔輔『マーケティング入門』日本経済新聞出版社、2009年。

第1章
第2章
第3章
第4章
第5章
第6章
第7章
第8章
第9章
第10章
第11章
第12章
第13章
第14章
第15章

第**8**章

コミュニケーション
──どのように納得させるのか?

1　はじめに

　皆さんは、「親を説得するのは、大変だ」とか、「お客様に、モノやサービスを買ってもらうのは簡単ではない」とか、家庭やアルバイト、模擬店で、人を説得させることを難しいと思ったことはないだろうか？　だが、企業は難しい、では済まされない。消費者に買ってもらわないとビジネスにならないからだ。企業は、テレビ、新聞、ラジオ、雑誌、屋外看板、ソーシャル・メディア、ビラ、ポケットティッシュ、個人的コンタクトなどのメディアを通して、メッセージを発信し、消費者の態度を変化させ、買ってもらおうと説得を試みる。こうした消費者を説得するためのコミュニケーションを「説得的コミュニケーション」という。

　では、説得的コミュニケーションは、なぜ消費者を説得できるのだろうか。それは、2つの効果を利用しているからだ。1つは、「メッセージ効果」であり、メッセージの内容の工夫によって、消費者を上手く説得できるという効果だ。もう1つは、「発信源効果」であり、メッセージの内容が同じでも、女優やモデル、専門家など最適な人に発信してもらうことで、上手く説得できるという効果だ。企業は、これらの効果を、受け手である消費者の状況に応じて、上手く使い分けることが重要となる。その使い方は、精緻化見込みモデルを通して理解することができる。

　この章では、姉のアイのファッションブランドのショッピングをめぐるショートストーリーを通して、発信源効果とメッセージ効果を理解した上で、その上手い使い分けのために精緻化見込みモデルについて学習していく。

2　気づいたらショッピングバッグを抱えていた

　姉のアイは、夏のボーナスを使って、ちょっと豪華に彼氏と夏の小旅行に出かけようと計画する。小旅行に着ていくために、お気に入りのファッションブランドのワンピースが欲しいと考えていた。

　そもそもアイがそのブランドのお気に入りになったきっかけは、損保会社に入社間もない頃に見たファッションブランドのInstagramでの出会いだ。そのブランドのInstagramに、同世代の可愛らしい女優が出ていたのである。同性ながら、あま

【図8-1　ショッピングするアイ】

りにも優雅で可愛い姿に、思わず見入ってしまった。さらに調べてみると、その女優はどうもプライベートでも、そのブランドを着ているらしいということがわかった。その写真も、彼女のInstagramで何枚か発見。その女優の着こなしはとても良くて、本当に似合っていた。

　そのブランドの本店に行ってみると、ショップデザインがカフェのようで、さらにそのブランドを好きになった。広告で女優が着ていたシンプルなセーターを見つけて、思わず衝動買い。こうして、社会人になって以来、アイのコーディネートの定番ブランドになったのだ。

　夏の小旅行のため、アイは、そのブランドの新宿のファッションビルにある行きつけのショップに向かう。ショップに入って洋服をみていると、顔見知りのショップスタッフが、声をかけてきた。彼女は、新作の花柄のワンピースが、オススメだという。「流行の可愛いデザインです。よろしければご試着くださいね」というが、アイはノースリーブというのが少し気になる。浮かない顔をしていると、「ちょっと大胆なデザインで、場所を選びますよね」と彼女はいって、そのワンピースに合う薄手のカーディガンを持ってきた。

　試着をしてみると、本当に可愛い。値札を見ると2点で7万円と少し高い。そのことをスタッフにいうと、同じイメージの少しカジュアルなラインのワンピースとカーディガンをもってくる。こちらも可愛くて、ラフに着こなせるので小旅行に最適に思える。2点で5万円を切り、財布にも優しい。そう安心していたら、スタッ

フは同じシリーズでデザインされたバッグや、靴までもってくる。夏のボーナスが良かったことを彼女は知っているかのようだ。値段をみると、バッグも靴も意外に安い。せっかくなので、それらも身につけてみる。

　アイは、気づいたら大きなショッピングバックを両手に持っていた！　そんな自分に驚きつつも、夏の旅行がさらに楽しみになった。

3　発信源効果

　まず、発信源効果の確認から始めよう。誰の発言かによって、企業のメッセージの影響力は異なる。発信源であるエンドーサー（推奨者）の信憑性や魅力が、説得効果を持つからだ。代表例は、専門家や有名人などのエンドーサーに、テレビCMや雑誌で製品を宣伝してもらうことだ。アイがファッションブランドのInstagramに出ていた可愛い女優を見て、そのブランドが好きになったというのは、まさに発信源効果だ。

　このように、テレビCMや雑誌広告だけでなく、TwitterやInstagramなどのソーシャル・メディアで、専門家や有名人がブランドや製品を推奨するメッセージを発信することも効果がある。

　では、どのようにエンドーサーを選べば、良いのだろうか？　実は、製品のタイプによって、効果的なエンドーサーは異なる。掃除機のような高機能が要求されるような専門的なモノの購入を説得させたい場合は、専門家の推奨が効果的である。一方、ジュエリーや家具のように、周囲からどう見られるかが重要なモノの場合は、有名人の推奨が効果を生む（こういったものは、社会的リスクが高い製品と呼ばれている）。最後に、クッキーのようなリスクの低い日用品では、受け手と同じ視点で、現実的な声と思うことのできる典型的な消費者の推奨が効果的である。

◆ 信 憑 性

　では、エンドーサーのメッセージが説得効果を持つためには、信憑性と魅力のどちらが重要となるのだろうか？

　信憑性は、エンドーサーの特徴と推薦しているモノと関連していると消費者が認めた場合に説得効果を高める。アイの好きな女優のイメージと、ブランドの洋服が

マッチしていたり、その女優がプライベートでも着用していたりすることは、アイの信憑性を高めることにつながっていくだろう。

　あるいは、消費者があまり良く知らず、意見をもっていないような導入期の製品や、競合製品が多く差別化しにくくなっている成熟期の製品の場合も、効果を持ちやすい。

　だが、エンドーサーの知識が正しくないという「知識バイアス」や、エンドーサーが、正しい知識を持っているが、正しく伝えようとしていないという「報告バイアス」を、消費者がエンドーサーに感じた場合は、信憑性は下がる。たとえば、アイが好きな女優が、実際は別のファッションブランドのファンであったり、普段はダサい服しか着ていなかったりする場合などは、アイへの説得効果は下がるだろう。あるいは、企業から金銭ないし商品をもらった専門家が発信する時、エンドーサー自身の信憑性はあるかもしれないが、推奨しているモノは信じてもらえないかもしれない。

　さらに、いくら信憑性の高いエンドーサーであっても、多くのモノの推奨をしすぎていると、信用はなくなってしまう。

◈ 魅　力

　魅力は、エンドーサーの社会的価値が高いと消費者が認めた場合に、説得効果を高める。それは、身体的魅力、パーソナリティ、社会的地位、受け手との類似性などである。アイの好きな女優が、可愛らしく魅力的で、同世代であったことは、アイへの説得効果につながった。

　こうした身体的魅力は、重要であろう。外見の良さは普通の人より賢く、見る目もあると思わせ、信憑性を高める。これは「ハロー効果」と呼ばれるもので、ある面で優れた人は他の面でも優れていると見なされることだ。Column 5 - 2 の認知的不協和理論で見たように、人は一貫性を持つ見方をするほうが落ち着くからだ。こうして、外見の魅力は、受け手に広告への注意を向ける効果をもつ。だが、消費者は、広告に注意をはらうが、広告の内容、つまりメッセージまでを必ずしも覚えているとは限らない。つまり広告効果が上がらない場合もありうるので、注意が必要だ。

　広告されているモノが、性的魅力を高めるようなモノであれば、美しさは効果をもつ。エンドーサーの魅力は、香水やコロンのように、魅力と関係していると広告

Column 8 - 1

SK-Ⅱのエンドーサー

　エンドーサーは 1 人である必要はない。いままでのエンドーサーに、新たなエンドーサーを加えることで、既存顧客を維持しつつ、新しいターゲット顧客を取り込むことが可能だ。その好例が、P&Gのプレミアム価格帯の化粧品のSK-Ⅱだ。

　SK-Ⅱは、高価格ブランドでありながら、肌への効果というスキンケアカテゴリーにおける、「肌をきれいにしたい」という、女性の極めて根源的である切実なニーズに応えてきた。1990年代に、当時40代の桃井かおりをエンドーサーに起用し、彼女を通じて商品のベネフィットが実感を込めて語られるという手法が、多くの女性を魅了してきた。

　こうした中、2011年に綾瀬はるかを加え「25歳」をアピール。キャッチフレーズは「20代の女性に向けて、本気のスキンケアを早くから取り組むことの大切さを伝える」である。テレビCMでは彼女が実際に使った体験を基に、「えっ、なに、超しっとり」や「おっ、もちもちたまご」などとアピール。彼女がSK-Ⅱを肌につけた映像や画像で、20代に共感してもらう工夫もした。同時に、「14日間集中ケアキット」と、従来品より低価格で発売し人気を集める。綾瀬のCMを見て「『SK-Ⅱは30代から』と考えていた若者が『私でも使って良いんだ』と思い直すきっかけになった」と、P&Gは説明する。さらに2016年には当時23歳の有村架純が加わった。桃井が有村に「未来、ずーっとキレイよ」と力強く語るCMを打ち出すことで説得力が増し、年齢に関係なく使用できるブランドとしての定着を図っている。

　だが、新鮮さを演出する一方、定番商品を変えないのもSK-Ⅱが上手いところだ。たとえば「フェイシャルトリートメントエッセンス」は、発売当初からボトルのデザインや中身を一切変えていない。新しさを求めて変更すれば、これまでの顧客が離れてしまう恐れがあると、P&Gは考えるからだ。安定した製品やエンドーサーで、長年の顧客の心をがっちりつかみつつ、新しいエンドーサーや製品で、20代の新しい顧客層を開拓するのだ（『日経産業新聞』2011年 3 月 7 日、『日経MJ』2013年 1 月25日など）。

への態度に影響を与えるが、魅力とは無関係なコーヒーの広告には影響を与えない。

　とはいえ、現実には、多くの企業が有名人を広告に起用し、その魅力を使って、多様なモノやサービスのイメージを上げようとしている。皆さんも、テレビをつけ

【図8-2　ローソンクルー♪あきこちゃん】

出所：ローソン提供

てCMをいくつか見れば、発信源効果を期待して広告している企業の多さを、実感できるだろう。それは、上手く効果を皆さんに与えていただろうか？

　一方、有名人には、スキャンダルなどの企業イメージを下げるというリスクもある。そうした意味では、ソフトバンクのお父さん（犬）や、ローソンクルー♪あきこちゃんなどの広告キャラクターのほうが、リスクは少ないであろう。その上、充分な発信源効果をもたらしているともいう。

　あきこちゃんは、ローソンのソーシャル・メディア上のキャラクターだ。彼女は、Twitterを中心に多くのソーシャル・メディアで、キャンペーンの告知や、クーポンの配布を行っている。そのスタイルは、フレンドリーに感想をつぶやくことが特徴だ。キャラクターの設定は20歳の女子大学生で、アルバイトのローソンクルー（店舗スタッフ）である。マイペースで真面目、節約を心がけ献身的で、どこかの店舗にいそうな人物像である。このことが効果をもたらす。

　第1に、ターゲットへの魅力である。コンビニの顧客は20〜30歳代の男性が多い。キャラクターの設定は、誰がつぶやいたら、彼らから良い印象を得られるかを考えた結果だ。さらに、あきこちゃんの顔や声を、顧客から募集したことも、魅力を増しているだろう。現在2千万人を超えるファンの数が、その効果を裏付ける。

　第2に、フランチャイズ加盟オーナーへの魅力である。社長や本社のスタッフで

はなく、アルバイトということで、オーナーにしてみれば、まるで自分の店舗で働いているスタッフのように、愛着をもってもらいやすい。加盟店向けのあきこちゃんグッズは、オーナーから好評だという。

第3に、キャラクターを持っている企業とのタイアップがしやすい。キャラクターだけでなく、美術館などとのタイアップも行われている。擬人化されていることで、店舗でスタッフがおススメしている感じで、イベントや商品の告知も行いやすい。

だが、キャラクターの設定が良いだけでは、その魅力を維持できない。つぶやく内容は、広告・販促、広報、商品企画、ITなどの部署による編集ミーティングで決められ、多くの部門が関係する。「あきこちゃんなら、こうは言わない」という議論を重ねることで、キャラクターの世界観が守られる。さらには、消費者のつぶやきも、絶えずウオッチして反応を確認している。こうした、絶えざるマネジメントがあきこちゃんの発信源効果を支えているのだ。

4 メッセージ効果

次に、メッセージ効果を理解しよう。どのようなメッセージの内容が、説得効果を持つのであろうか？　メッセージの一面提示・両面提示や、ユーモア、恐怖喚起、そして反復におけるメッセージ効果について、順に確認していこう。

◆ 一面提示・両面提示

まず、一面提示は、企業が良い面ばかりのメッセージを強調するコミュニケーションで、一般的に広告で最も多いタイプである。ダイソンの「吸引力の変わらないただ1つの掃除機」や、ニトリの「お、ねだん以上ニトリ」、そしてチキンラーメンの「すぐおいしい、すごくおいしい」などテレビCMでよく耳にするだろう。ショップスタッフがアイに言った「流行の可愛いデザインです。よければご試着くださいね」は、まさに一面提示である。消費者が好意的な態度をもっている場合は、こうした一面提示の広告が有効だ。

だが、消費者に好意はない、あるいは中立である場合は、両面提示のほうが効果的である。ショップスタッフがアイに「ちょっと大胆なデザインで、場所を選びま

すよね」と付け加えたのは、両面提示となる。

こうした手法は、前述の「報告バイアス」を下げることにつながるので、エンドーサーの信頼性を増すことになる。だが、製品の致命的な問題をアピールすべきだと言っているわけではない。そうではなく、消費者が競合製品に比べた際に少し短所だと感じるけれども、ほとんど重要でないように思える属性にすることが肝心だ。その上で、消費者が競合製品に比べた際にかなり優位だと感じる、より重要な属性を強調し、競合製品を打ち砕くのだ。

こうした両面提示は、受け手が高い教育を受けている場合や、製品のファンではない段階で最も有効といわれる。

◆ 反　復

反復とは、繰り返しコミュニケーションすることで、単純接触効果をもたらすことである。これは、複数回の刺激を受けることで、消費者の学習が進むからだ。つまり、反復の肯定的効果といえる。何度も繰り返しテレビCMを観ているうちに、ブランド名を覚えたり、コピーを覚えたりしたという経験はあるだろう。コスモ石油の「ココロも満タンに」や、リクルートの「まだ、ここにない、出会い。」、ファミリーマートの「あなたと、コンビに、ファミリーマート」は、どうだろうか？

だが、過剰な繰り返しは、消費者に飽きを感じさせ、その刺激に注意を払わないようにさせる。さらに、否定的な反応につながる可能性まである。つまり、反復の否定的効果である。実は、アイはお気に入りのブランドがテレビCMを放映した際に喜んでいたのだが、同じパターンのCMを繰り返すばかりだったので、少し嫌になりかけたことがあるのだ。

こうした反復の肯定的効果と否定的効果とのバランスを考えたコミュニケーションを実施する必要があるだろう。そのため、企業は、繰り返す際にテレビCMを15秒にしたり、CMの内容を変化させたりして、飽きさせないように工夫する。テレビCMとして、長期に渡って継続しているBOSSの宇宙人ジョーンズや、ソフトバンクの白戸家のシリーズ、auの三太郎のシリーズが、まさにその好例だ。2012年には、宇宙人ジョーンズと白戸家のコラボCMまで登場したくらいである。

ユーモアと恐怖喚起

対極にみえるユーモアや、恐怖喚起のあるメッセージは、それぞれ効果をもつ。まず、ユーモアは、受け手の注意をひき、気分を明るくし、肯定的な態度をもたらす。メッセージに対しての反論を考えさせないので、製品に対して否定的な意見を持たせないようにしつつ、メッセージを受入れさせることができるからだ。

だが、ユーモアのタイプや、受け手の個人差、状況などの要因で、効果は変わる。もちろん、やりすぎは逆効果となる。キリンビバレッジが2019年４月に「#午後ティー女子」のTwitterに投稿したイラストが、その例だ。

「午後の紅茶」を飲んでいそうな女性として、「ロリもどき自己愛沼女子」「モデル気取り自尊心高め女子」「ともだち依存系女子」「仕切りたがり空回り女子」という４種類の女性を揶揄するイラストを投稿したのである。たとえば、「モデル」の場合は、「なんでも毒舌になりがち」とか「太ってないのに太ったと連発する」といった解説がイラストの中で説明されている。これに対して、「女性を馬鹿にしている」とか、「二度と買いたくない」といった声が上がり、炎上した。批判を受けた同社は、直ちにこのツイートを削除して謝罪した。

一方、恐怖喚起のメッセージは、消費者が行動を変えないと発生しうる否定的な側面をアピールする。喫煙習慣が、がんになる可能性を高めるという訴求が、その典型だ。こうした手法は、脅威を伝えるだけでなく、同時に解決策を提示する際に効果を上げる。解決できない場合、受け手は、単に広告を拒絶するだけになってしまうからだ。

恐怖の内容は、単に身体的脅威だけではない。10代を説得させるには、身体的脅威よりも、仲間はずれにされるかもしれないという社会的脅威のほうが有効なのである。

5 説得の精緻化見込みモデル

では、企業は説得的コミュニケーションにおいて、発信源効果とメッセージ効果のいずれを考慮すると良いのだろうか？　消費者の関与水準（第５章参照）によって、発信源効果とメッセージ効果のいずれが、説得効果をもたらすかが異なるのだ。

【図8‐3　精緻化見込みモデルの概略】

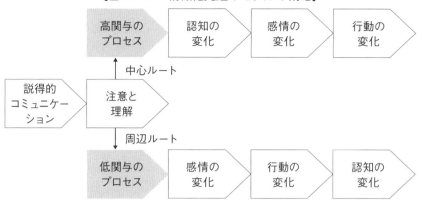

出所：Petty, R. E., Cacioppo, J. T., and Schumann, D. (1983) "Central and Peripheral Routes to Advertising Effectiveness : The Moderating Role of Involvement," *Journal of Consumer Research*, 10 (2), pp. 135-146、ソロモン (2015) 図7.7をもとに著者作成

図8‐3のような精緻化見込みモデルが、これを説明してくれる。精緻化見込みとは、「企業からのメッセージの内容について、消費者がよく吟味する可能性」を意味する。

　高関与であれば、メッセージを吟味する、つまり精緻化するという可能性も高くなり、メッセージの内容そのものに影響を受けて態度が形成される。この流れを中心ルートという。一方、低関与であれば、メッセージを吟味しない、つまり精緻化するという可能性も低くなり、本質的なメッセージとは関係のない要因に影響を受けて態度が形成される。この流れを周辺ルートという。

高関与の中心ルート

　消費者が高関与の中心ルートの場合、メッセージ効果をもたらす。消費者はメッセージの内容をよく吟味し、認知的反応を示すからだ。この中心ルートには、第5章の態度形成で学んだ「効果の標準的学習階層」が含まれる。まず、消費者が対象についての知識を蓄え、認知を形成する。次に、認知内容を評価して、対象への感情を形成し購入するという順だ。

　つまり、メッセージの内容が大事である。アイの最近の洋服の購入の仕方が、まさにこのルートであろう。両面提示など、しっかりショップスタッフのメッセージ

Column 8 - 2

説得される消費者心理

　ここでは、なぜ消費者が説得されてしまうのかという、消費者心理の原理について見ていく。具体的には、恩義、一貫性、社会的な証拠、好意、権威、希少性という6つの心理が挙げられる（チャルディーニ 2013）。

　第1の恩義は、他者にしてもらったことと同等のお返しをすべきだと考えてしまう心理である。試食をすると、申し訳ない気がして、商品を買ってしまうのは、その例である。「ドア・イン・ザ・フェース・テクニック」（譲歩的要請法）も、恩義を利用した営業テクニックで、承諾が困難な依頼をして、わざと断らせて本命の依頼をするという方法だ。ショップスタッフは意図的ではないだろうが、最初に高額なセットを断ったアイは、その心理になっていたのかもしれない。

　第2の一貫性は、自分の言うことと行動することを矛盾しないようにするという心理である。Column 5 - 1の認知的不協和理論でみた一貫性を回復しようとする心理と同じだ。代表例は、「フット・イン・ザ・ドア・テクニック」（段階的勧誘法）である。個別訪問の営業マンは、ドアを開けるという小さな要請に同意する消費者が、その行動に矛盾しないよう購入するという、もっと大きな要請に応じやすいことを知っている。街頭アンケートから、販売につなげるという手法も同じだ。さらに、「ローボール・テクニック」も、その例だ。クルマの販売で有利な条件で購入の意思決定をさせてから、契約の過程で条件を悪くしていく。当初この条件なら契約しないような条件になっても、消費者は購入をやめない。

　第3の社会的証拠は、他の人が正しいと考えていることで、何が正しいかを判断するという心理である。売れ筋と聞くと、購入可能性が上がるのはその例だ。

　第4の好意は、自分の好きな人や尊敬する人から頼まれたら、同意するという心理である。本文でみたハロー効果が、その例である。好きな人は、正しいことを言っていると思ってしまうのだ。

　第5の権威は、消費者は権威のある発信源からの情報を信じやすいという心理である。本文でみた発信源効果である。

　最後に希少性は、製品は入手が難しいほど魅力的にみえるという心理である。数量限定や期間限定の効果が、その例であろう。

を吟味した上で、購買しようとしている。

　皆さんも関心が高いモノやサービスの広告であれば、しっかり内容を吟味した上で、態度を形成するだろう。新しいiPhoneや、好きなスキンケアの新製品のCM

はどうだろうか？　一方、関心が低いモノのメッセージであれば、内容を吟味するまで至らないかもしれない。

低関与の周辺ルート

次に、消費者が低関与の周辺ルートの場合、発信源効果をもたらす。発信源だけでなく、消費者は、製品パッケージなどメッセージを取り巻く「周辺的手がかり」により、感情を変化させる。この周辺ルートには、第5章の「効果の経験階層」が含まれる。消費者は、感情的な反応をもとに行動を起こす。モノ本来の機能を果たす製品属性ではなく、パッケージデザインや、広告、ブランドネームなどの漠然とした製品属性が、消費者の態度形成に影響を与える。アイがお気に入りのファッションブランドの当初の購入のきっかけが、まさにこのルートであろう。

皆さんも、関心が低いモノだけど、広告に好きなアイドルや女優が出演していたりすると、それがきっかけで、態度を形成したという経験はないだろうか？　だが、この態度形成は、しっかり内容を吟味（精緻化）した上での態度形成ではないので、長続きしないという傾向があるという。皆さんは、いまも買い続けているだろうか？

さらに、同じコミュニケーションでも、対象との関係で、中心ルートにも周辺ルートにもなりうる。女優の身体的魅力は、クルマのテレビCMでは周辺的手がかりとなるが、魅力を増すことを効果とするシャンプーや化粧品のCMであれば、中心的手がかりとなるのだ。

6 おわりに

この章では、アイのファッション商品の購入のショートストーリーを通して、説得的コミュニケーションが持つ、発信源効果とメッセージ効果を理解した上で、その2つの効果を企業が上手く利用するための精緻化見込みモデルを学ぶことで、説得について体系的に学習してきた。皆さんは、どのようなコミュニケーションが、消費者を説得させることができるのか、ということを理解できたのではないだろうか。

冒頭にみた「親を説得するのは、大変だ」とか、「お客様に、モノやサービスを

買ってもらうのは簡単ではない」についても、単に「説得は難しい」と言って終わるのでなく、以前よりは説得的コミュニケーションを上手く行う方法を考えられるようになったのではないだろうか。ネット社会の進展で、企業から多種多様なコミュニケーションが行われる中、送り手として、あるいは受け手としても、こうした説得を学んだことは非常に意義があるだろう。

？考えてみよう

① 企業が広告キャラクターを使う理由を考えてみよう。

② Column 8 - 2の「説得される消費者心理」の6つのルールについて、その事例を考えてみよう。

③ 雑誌広告やテレビCMを見て、どのような説得的コミュニケーションが多いのかを整理した上で、なぜ多いかを考えてみよう。

参考文献

青木幸弘『消費者行動の知識』日本経済新聞出版社、2010年。

マイケル・R・ソロモン（松井　剛（監訳）、大竹光寿、北村真琴、鈴木智子、西川英彦、朴　宰佑、水越康介（訳））『ソロモン　消費者行動論』丸善出版、2015年。

杉本徹雄（編）『新・消費者理解のための心理学』福村出版、2012年。

次に読んで欲しい本

☆説得される消費者心理を詳しく学ぶには……。

ロバート・B・チャルディーニ（岩田佳代子（訳））『影響力の正体：説得のカラクリを心理学があばく』SBクリエイティブ、2013年。

☆コミュニケーション論と結びつけて消費者行動論を詳しく学ぶには……。

田中　洋、清水　聰『消費者・コミュニケーション戦略』有斐閣、2006年。

第**1**章
第**2**章
第**3**章
第**4**章
第**5**章
第**6**章
第**7**章
第**8**章
第**9**章
第**10**章
第**11**章
第**12**章
第**13**章
第**14**章
第**15**章

第**9**章

店頭マーケティング
──売れるお店はどうやってつくる?

1 はじめに

　皆さんはショッピングセンターに行ったことはあるだろうか？　ショッピングセンターは単に買い物をするだけの場ではない。たとえば、東京の江東区豊洲にあるショッピングセンター「ららぽーと」では、屋外のメインステージで週末にイベントを開いており、アイドルグループがやってくることもある。

　どうしてショッピングセンターでアイドルグループが歌うのだろうか？　ショッピングセンターは買い物をする場所であり、わざわざ歌を歌ってもらう必要はない。理由の1つは、もちろん集客であろう。歌を聴きにたくさんの人が集まれば、彼らがその後、ショッピングセンターで買い物をしてくれるかもしれない。

　けれども、歌を聴きにきた人々は、本当にショッピングセンターで買い物をするだろうか。少しは買う人がいるかもしれないが、大半は買わないのかもしれない。実際のところはどうなのだろう。この問いに答えるためには、私たちが普段どのように買い物をしているのかをよく考える必要がある。

　この章では、私たちが普段どのように買い物をしているのかを学ぶ。私たちは、どうしても欲しいものを考え抜いて買うこともあれば、思いつきで目についたものを買うこともある。逆に店舗の立場に立てば、彼らはテレビやネットを通じてお茶の間の私たちに語りかけるだけではなく、店頭をうまくデザインすることで、店舗にきた人々に直接商品を提供しようとする。店舗には、さまざまな知恵が詰まっていることを確認していこう。

2 初めて入ったオーガニック食品スーパー

　天高くちょっと気分もいいある秋の午後、母のユミコは新しくできた近所のスーパーに夕ご飯の買い物に出かけた。少し割高だが、オーガニック食品を中心にした今話題のお店である。商業ビルの1階を広く使ったフロアは、自然光がうまく取り入れられていて明るく感じる。ショッピングカートを取って店内に入ると、たくさんのお客さんが買い物をしているのが見えた。活気があるようで少し楽しくなってきた。

【図9‐1　ユミコがオーガニック食品スーパーでお買い物】

　入口には、おそらく今日の特売であろう季節の食材がキレイに並べられている。その中でも、鮮やかな紫色のなすびに目がいく。POPがつけられていて、「秋におすすめ！　特価2個298円」と可愛い手書きで書かれている。漠然と麻婆豆腐にしようかと思っていたけれど、麻婆茄子のほうがいいかもしれない。少し手に取って重さを確かめながら、4個買い物かごに入れた。

　色彩豊かな生鮮コーナーを歩きながら、野菜と肉を買い足す。新しくできたお店のせいか、他のスーパーではあまり見かけない食材もいろいろと並んでいる。ちょっと高級なイタリアンで出てきそうなアーティチョークまで売っていて、その立派さに驚く。海外にでも来た気分になるが、どうやって調理するのだろう。今度調べてから買ってみようと思った。

　挽き肉の前には、よくテレビCMで見かける麻婆茄子の素が売られていた。さすがにこれはオーガニックとは関係なさそうだが、これも1つ買っておくことにする。この前、姉のアイと弟のショウタがこのCMにでているイケメン俳優の話で盛り上がっていたから、食事の時にネタにもなるだろう。でも、出来合いの味にならないようにするためにも、後で甜麺醤も探そうと思う。きっと他のスーパーにはないような調味料もあるはずだ。

　一通り生鮮品を買い揃えたので、お菓子コーナーものぞいてみよう。スーパーといえども、お菓子の品揃えも意外に良い。向こうでは、ユミコと同じ年ぐらいの売り子さんたちがチーズケーキの試食を提供していて人だかりになっている。近寄っ

てみると、その1人に「おひとついかがですか」と声をかけられた。香ばしい感じで、悪くない。「これもオーガニックなの？」と聞くと、国内産のオーガニック小麦を使っているのだという。これだったら、ウェッジウッドのお皿に盛れば、どこかのデパートで買ったと言ってもわからないかもしれない。「じゃあひとつ」と手にとる。

　レジの前には、レトロ風だがかわいい紙で包まれた少量のキャンディが売られていた。ちょっと懐かしい。最後にユミコは、キャンディの袋を1つ買い物かごに放り込んだ。

3 状　況

　第6章で学んだように、人々は、多くの場合、さまざまな情報に触れながら、意思決定をする。この過程では、大きく3つの状況を考えることができる。

◈ コミュニケーション状況

　1つ目は、コミュニケーション状況である。具体的には、店頭、およびテレビCMによる影響を考えればわかりやすい。たとえばユミコの場合、麻婆茄子の素を買うきっかけとして、テレビCMが思い出されている。そのときには何気なく見ていたであろうテレビCMだが、スーパーでの購買のきっかけの1つになっている。実は自分自身はそれほど興味があったわけではないが、子供たちが興味を持っていたことが重要だったようである。ユミコが期待しているのは、麻婆茄子が実際に美味しく料理できるかどうかはではない。麻婆茄子を食卓に出すことで、子供たちと食事の際の話題ができることを期待したのである。コミュニケーション状況が、意思決定に影響を与えるという場合には、購買意思決定者と企業とのコミュニケーションだけではなく、購買意思決定者を取り巻く多様なコミュニケーションに注目する必要がある。

　同様に、ユミコは店頭販促の売り子さんとコミュニケーションしながら、チーズケーキの購入を決めた。売り子さんは、POP広告（次の段落で説明）のように一方向の情報提供を行うのではなく、相手に合わせた双方向のコミュニケーションを提供している。そのコミュニケーションを通じて、人々は購入に至ることがある。

Column 9 - 1

パンとクノールのクロスマーチャンダイジング

　クノールのスープが定番だという人も多いだろう。数年前、クノールはパンをスープにつけて食べるというライフスタイルを広めようとして、興味深いプロモーション活動を展開した。テレビCM上で「つけパン」と「ひたパン」という2つの食べ方を提案し、視聴者に「あなたはどちら派か」と聞いたのである。ネット上で投票も行われたことで、視聴者は、ただテレビCMを見るだけでなく、つけパン派かひたパン派のどちらかを支援する当事者となった。同様の手法は、その後も継続されている。

　こうしたプロモーションでは、消費者はパンとスープを一緒に食べることになる。そこで、プロモーションに合わせ、店頭ではパンの売り場にクノールを配置したり、逆にスープの売り場にパンを配置したりするという売り方が実施された。こうした通常の商品カテゴリーをまたいで売り場を設置することを、クロスマーチャンダイジングと呼ぶ。

　クロスマーチャンダイジングでは、さまざまな組み合わせを考えることができる。クノールのように、プロモーションに合わせて行うこともできるし、ユミコのように、レシピに合わせてクロスマーチャンダイジングを考えることもできる。麻婆茄子を提案する場合には、なすび、しょうが、ひき肉、さらには麻婆茄子の素をまとめて陳列するだろう。

　クロスマーチャンダイジングは、店舗にとってはまとめ買いのチャンスを作り出すとともに、新しいカテゴリーの提案といった目新しさを提供することができる。逆に消費者にとっては、いちいちカテゴリーごとに個別の商品を探す手間が省けるとともに、新しいカテゴリーの存在を知るきっかけにもなる。

　通常、クロスマーチャンダイジングが行われる際には、同じ商品が複数の売り場に配置されることになる。店舗によっては、このとき、売り場ごとに異なるバーコードなどを振ることによって、通常の棚で売れたのか、それともクロスマーチャンダイジングの棚で売れたのかを判断できるようにしていることがある。

第9章

　さらに、双方向のコミュニケーションという点では、今では必ずしも人との対面が必要というわけではない。インターネット上でのチャットや、あるいはアマゾンにあるようなレコメンド機能（Column 6 - 1参照）も重要である。

購買状況

　2つ目は、購買状況である。店舗における商品情報と、店舗のレイアウトなどによる影響がある。まず、店舗の商品情報は、実にさまざまな情報を考えることができる。茄子につけられていたPOPは典型的な商品情報の1つである。それだけではなく、そのPOPが印刷の文字ではなく手書きで書かれていることにより、人々の受ける印象は変わる。たとえば、最近の書店に行くと、いろいろな本を紹介する手書きPOPが溢れていることに気づく。インターネット販売に対抗する手段として、彼らは手書きの効果を打ち出すようになったのだ。同じように書かれた商品説明や感想であっても、その形式は重要な情報の1つとなる。こうした商品情報は、しかし、多ければ多いほど良いというわけではない。第2章で学んだように、あまりに多くの情報は、情報負荷を大きくするため、逆効果となることもある。また、こうした情報がどのように使われているのか、という点も重要である。たとえば、店頭で「詳しくはQRコードを読み取ってスマホで検索してください」と書かれていても、その場で利用する人は少ないであろう。

　店舗のレイアウトでは、店内での商品の配置や実際の混雑の具合などが重要になる。多くのスーパーでは、入口には本日のおすすめなどの情報がまとめて提供されている。スーパーに入った人々は、まず最初にそうした情報を確認してから、実際の購買行動に向かうからである。入口の後は、野菜や果物のコーナーを経て、肉や魚、さらには乳製品や加工食品といったレイアウトが作られていることが多い（**写真9‐1**）。こうした導線をうまく考えておかないと、店舗の中が混雑してしまう

【写真9‐1　野菜と加工食品の売場】

写真提供：Pixabay

ことにもつながる。混雑した店舗では、人々はそれを避けようとするため、短時間で少ない商品だけを購入しがちになる。

　その他、たとえば店舗内で流れる音楽といった要素もまた、意思決定に影響を与える状況の1つである。ユミコのケースでは、特に音楽は流れていなかったようである。このスーパーにはどういう音楽がふさわしいだろうか？　ある研究では、テンポの遅い音楽を流したほうが、滞在時間が長くなるとともに支出も高額になりやすいといわれている。

使用状況

　最後に、3つ目は使用状況である。商品やサービスを何に利用するのかという用途が影響を与える。前にみた子供たちとの会話のために麻婆茄子の素を購入することは、その商品が美味しいから買うという場合や、あるいは健康に良いから買うという場合とは異なっている。また、たとえば主婦の購買行動を考えた場合、自分のために買うこともある一方で、夫や子供のために買うということも考えられる。購入の理由が異なると、当然、買うものも変わってくる。たとえ自分のために買う商品であっても、洋服であったり、口紅のような化粧品であったりする場合には、人にそれを見せるという意識が伴う。耐久性や機能性に優れているというだけではなく、デザイン性も求められることになる。

第9章

4　インストア・マーチャンダイジング

　購買状況によって人々の購買行動が変わるという事実は、店舗にとっては、店舗の商品情報やレイアウトをうまく考えることによって、販売額を増やすことができるというマーケティングにつながる。こうした店舗内の活動を、インストア・マーチャンダイジングと呼ぶ。

小売業のテーマ化

　特に近年では、ショッピングセンターやスーパーは劇場化しつつある。ここでいう劇場とは、まさにアイドルがやってくるというような、わくわくドキドキして楽

【写真9－2　ベネチアンホテル内のモール街】

写真提供：Pixabay

しい場所というたとえである。**Column9－2**で取り上げたアップルストアは、劇場化した小売店舗の例である。人々の購買時の経験にうまく働きかけ、人々を楽しませることが重要であるという認識が広まっている。実際、店内を楽しんでいる人ほど、より多くの支出を行っているといわれている。

　こうした傾向は、小売業のテーマ化と呼ばれる。冒頭で見たアイドルグループが歌うショッピングセンターはいうまでもなく、スーパーがオーガニック志向を打ち出すこともまた、テーマ化の1つといえるだろう。より典型的には、たとえば、カジノの本場ラスベガスの「ベネチアンホテル」に行くと、本物のイタリアの都市が再現されている。ホテルに泊まった人々は、アメリカにいながらあたかもイタリアにいるかのような感覚を得ることができる（**写真9－2**）。同様に、東京のお台場にあるショッピングセンター「ヴィーナスフォート」では、中世ヨーロッパの雰囲気が再現されている。非日常性を提供することで、人々の購買意欲を喚起しようとしているのである。

◆▶　店　　舗

　より詳細な店頭のデザインもまた、インストア・マーチャンダイジングにとって重要な課題である。店舗は、消費者の購買を促進するようにデザインされている。たとえば、鮮度が命の生鮮食品は、本来であれば最後にまとめて買うのが望ましい。

Column 9 - 2

劇場としてのアップルストア

　アップルストアは、いまでは観光名所にすらなっている小売店舗である。日本では、現在、10店舗が営業している。アップルストアでは、アップル商品の購買はもちろん、修理や相談、さらにはデモ機の実演などを見ることができる。

　アップル商品の多くは、オンラインショップや通常の量販店でも購入することができる。その一方で、たとえばオンラインの場合には、実際に商品を使った体験は難しい。さらに、IT機器の場合には複数の商品を接続して利用することも多く、こうした仕組みはどうしても店舗によるしかない。店舗という点では通常の量販店を考えることもできるが、その場合には他の競合とも並べられてしまうという問題や、女性ユーザーは1人ではなかなか入りにくいという課題があった。

　これに対して、アップルストアでは、アップル直営店としてブランドイメージを反映した店舗デザインがなされている。中も明るく清潔感に溢れており、女性でも入りやすい。銀座や表参道のアップルストアは、海外からの観光客もたくさん訪れており、国際色の豊かさを感じることもできる。アイドルグループが来るわけではないが、アップルストアもまた劇場である。

　こうした店舗での体験は、アップルというブランドにとって重要な意味を持つ。アップルストアでの体験は、そのままアップルというブランドの体験に結びつく。それは実店舗を持たない多くの競合メーカーにとっては、真似のしにくい価値の提供方法となっている（詳しくは、姉妹書『1からのサービス経営』第10章を参照）。

　その一方で、先に生鮮食品を購入した人々は、その後にあまり健康的ではないようにみえる商品を手に取りやすくなるともいわれている。健康に良さそうな生鮮食品を買ったのだから、ついでに少しスナックを買っても良いのではないかというわけである。

　棚割りも工夫されている。棚割りとは、スーパーやコンビニで商品が並べられている棚のレイアウトのことである。たとえば、ユミコは後で甜麺醤も買おうと考えていた。どこに甜麺醤は置かれているだろうか。おそらく、中華用の調味料の棚であろう。それだけではない、棚には段があり、どの段に置かれるかによって売れ行きも変わってくる。一般的に、小売店がアピールしたい商品は、顧客の目線に近い段にフェース（製品パッケージの正面のこと）を広げて置かれていることが多い。床から90－120センチの高さは特にゴールデンラインと呼ばれ、売上が最も大き

くなる。また、フェースを倍にすると、売上は約30％上がる。その他、広い通路に配置された商品は消費者に見てもらいやすいため、小売店は利幅の大きい商品を置く傾向がある。逆に、利幅の小さい商品は狭い通路に置かれる。

◈ 販 売 員

　前にみたように、販売員もまた、小売において重要なインストア・マーチャンダイジングの要素である。スーパーの売り子が、いるのといないのとでは、ずいぶんと違いが出る。もちろん、こうした販売員を嫌う人も多い。しかし、そもそもその理由は、勧められると断りにくいなど、販売員の影響力が大きいと考えられているからである。より高額の商品になると、販売員はより重要な要素になる。たとえば、ディーラーでクルマを選ぶという場合は、必ず販売員が接客する。そして、クルマの良し悪しとは別に、その販売員の良し悪しによって、意思決定は変わることさえある。

　販売員と人々は、意識的、無意識的にアイデンティティ交渉を行っている。相手の説得を受け入れるためには、たとえば相手が自分より知識を持っている専門家であるという理解が必要である。販売員の能力に役立つ要素には、年齢、容姿、学歴、売りたいという動機の程度などがあげられる。ユミコが売り子を同じ年代ぐらいだと判断したことは、売り子の勧めるものは自分にとっても同じように価値があるものであろうと判断する根拠になっている。もっと偶然に近い同質性が重要になることもある。たまたま誕生日が同じであったり、出身地が同じであったという偶発的類似でさえ、売上に貢献する。

5 非計画購買

　インストア・マーチャンダイジングが重要になるのは、何よりも、人々の意思決定が店舗の中で決まることが多いからである。一般的に、購買の多くは非計画購買であるといわれている。非計画購買とは、店内に入ってから何を買うのかを決めることを指す。ある調査によれば、人々の購買行動のうち、店舗を訪れる前に何を買うのかを決めている計画行動は、１割からせいぜい２割程度に過ぎない（**図９−2**）。多くは非計画購買である。ショッピングセンターやスーパー、あるいはコン

【図9－2　非計画購買の分類】

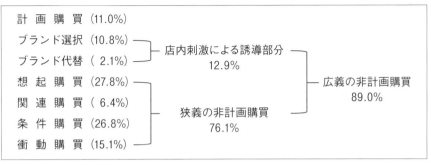

出所：池尾恭一、青木幸弘、南 千恵子、井上哲浩（2010）『マーケティング』有斐閣、
　　　p.155をもとに著者作成

ビニに入った際の自身の行動を思い起こしてみよう。また、レストランに行ったり
バーに入ったりした際に、どうやって食事や飲み物を決めたのかを考えてみよう。
多くの場合、これらは非計画購買であったことに気づくはずである。

　ショッピングセンターがアイドルグループを呼ぶことで集客を狙うのは、1つに
は、こうした非計画購買を期待しているからである。また、ユミコの場合も、その
スーパーに入ったのは初めてであった。当然、どんなお店で、どんなものがいくら
で売れているのかはよくわかっていない。馴染みのない店舗では、購買の多くは非
計画購買になりやすい。麻婆豆腐から麻婆茄子へと献立を容易に変更できたのは、
非計画購買を前提とした行動がなされていたからであろう。

　非計画購買には、さまざまなパターンを考えることができる（**図9－2**）。たと
えば、人は、棚にある商品や関連する情報を見て、特定の商品の必要性を思い出す
かもしれない（これに関しては、第4章で外部記憶について考えた）。茄子、麻婆
茄子の素、さらに追加で購買しようと考えた甜麺醤の購入は、それなりに購入の予
定はあったが実際に商品をみて必要を思い出す想起購買、何かの購入をきっかけに
新たに必要になったものを購入する関連購買、特定の条件があったときに購入する
条件購買といった非計画購買である。それから、はっきりとした必要性がなくとも、
どうしてもその商品を買いたいと思うこともある。この場合には、人は衝動購買
（衝動買い）を行う。逆に店舗としては、そうした衝動買いを期待して、棚割りや
レイアウトを考えている。レジの前にお菓子やガムといった衝動買いアイテムを配
置する。ユミコの場合、レジの前に置かれていた少量のキャンディは、まさに衝動
購買を狙った商品の1つだったと言える。それをいつ食べるのかも後から決められ

るし、いくら支払うのかという金額についても、少量で小口の商品であればその場で調整できる。

　非計画購買には、支払いの方法も影響を与えている。クレジットカードで支払いをする場合には、衝動購買の商品や、さらには不健康と思われる商品の割合が大きくなる。現金を差し出すことなく購入ができるため、無駄な支出をしてしまったという感覚が薄れるからである。

　現金であろうとクレジットであろうと、人々は、店舗に入った際には心の予算を持っている。心の予算とは、最低限使うことになるであろう予算とは別に、予定にはなくとも、必要に応じて支払うことのできる予算の枠のことである。その枠は多くの場合、無意識に考えられているものであるが、店舗側から与えられる刺激によって、頭の中で思い起こされることになる。衝動購買の場合にも、予算の制約は常にどこか頭の片隅におかれている。このことは、逆に店舗の側からすれば、この心の予算に働きかけられる商品の配置や、総合的な店舗のデザインが求められることになる。

6 おわりに

　この章では、小売店舗内でのマーケティングに焦点を合わせて、人々の買い物行動への店舗マーケティングの手法を学んだ。人々の買い物行動は、状況によって変化する。それゆえに、店舗側もまた、その状況が販売に有利になるようにインストア・マーチャンダイジングを進めている。

　さらに今日では、多くの店舗はただ商品や商品情報を提供するだけではなく、より人々に楽しみを与えるべく、小売のテーマ化を進めている。ショッピングセンターを見に行けばすぐに分かるように、それは単なるモノの売り買いの場ではなく、アイドルグループまで巻き込んだ本当の「劇場」となりつつある。

　人々の日常的な買い物行動は、その多くが非計画購買によるものである。店舗側はたくみに非計画購買を実現しようとしている。もちろん、だからといって、人々はもっと計画的に購買すべきであるという必要はないし、店舗側にもそうした売り込み方は止めるべきだという必要はない。店舗マーケティングは、消費者行動のメカニズムに着目した工夫に満ち満ちている。今後、食品スーパーなど小売店舗を訪れた際には、こうした工夫を楽しみながら見つけてみよう。

？考えてみよう

① あなたが自転車を買いに行ったという場合を想定して、あなたの購買に影響を与える状況要因を考えてみよう。

② これまでにあなたがショッピングセンターに行った際に経験した非計画購買を考えてみよう。

③ オーガニックストアの売上を上げるために、インストア・マーチャンダイジングを考えてみよう。

参考文献

マイケル・R・ソロモン（松井 剛（監訳）、大竹光寿、北村真琴、鈴木智子、西川英彦、朴 宰佑、水越康介（訳））『ソロモン 消費者行動論』丸善出版、2015年。
小川孔輔『マーケティング入門』日本経済新聞出版社、2009年。

次に読んで欲しい本

☆顧客の心理を学ぶには……。
パコ・アンダーヒル（鈴木主税、福井昌子（訳））『なぜこの店で買ってしまうのか：ショッピングの科学』ハヤカワ・ノンフィクション文庫、2014年。
☆店頭づくりを学ぶには……。
財団法人流通経済研究所『ショッパー・マーケティング』日本経済新聞出版社、2011年。

第9章

第 III 部

社会的存在としての消費者

第 **10** 章

アイデンティティ
——消費で自己表現をしている!?

第1章
第2章
第3章
第4章
第5章
第6章
第7章
第8章
第9章
第10章
第11章
第12章
第13章
第14章
第15章

1 はじめに

　私たちにとって、消費は決して、生きるために必要なものを得るためだけの行動ではない。少し難しい表現をあえてするならば、現代人にとって、消費という行為は自己の存在と深く関わっている。私たちが購入し消費するモノやサービスは、何らかのかたちで私たち自身を表していることが多い。また、最近は「自分探し」をする人も多いが、消費によってアイデンティティを形成し、生きがいを見いだす人もいる。アイデンティティとは、一言でいうならば「私とは何か」ということである（後に詳しく説明する）。

　皆さんも、最近購入したものをふりかえってみてほしい。自分の好みや価値観など、自分がどんな人間かということが、多かれ少なかれ反映されてはいないだろうか？　または、恋人に好かれるために、ファッションを変えたり、趣味を始めたりしたことはないだろうか？　あるいは、「○○みたいな人になりたい」と思って、何かを購入した経験はないだろうか？　私たちは、消費を通じて、自分自身を表現したり、「人はどうあるべきか」という社会の期待に応えたりする。

　この章では、弟のショウタの恋愛ストーリーを通じて、アイデンティティと消費の関係、そして自己（＝私）を作りあげるさまざまな側面（現実自己と理想自己、性役割など）を学び、消費という行為が「私とは何か」ということと、どのように関係しているのかを見ていく。

2 恋するショウタ

　秋は、人恋しくなる季節だ。どうやら、恋愛に奥手なショウタも例外ではないらしい。無事、就職も決まり、内定者懇親会に出席したのだが、そこで運命を感じる出会いがあったのだ！　アニメオタクに大人気の声優、早見沙織の声にそっくりの女の子がいて、ショウタは一目ぼれをしてしまった。

　これまで恋愛とはまったく縁がなかったので、女子に気に入られるためにはどうしたらよいのかさっぱりわからない。インターネットで「モテる男」と検索してみると、オタク趣味はダメだということがわかってしまった。男子がアニメに異常に

【図10‒1　大好きな彼女と理想の姿でデートしているところを妄想するショウタ】

　詳しいと、女子は引くらしい。ショウタは、休みのたびにコミックマーケット（コミケ）に通い、懸命に集めてきたアニメグッズで埋め尽くされた自分の部屋を見渡して、思わずため息をついた。アニメは自分の一部だ。アニメを捨てるなんて、絶対にできっこない。とはいえ、これから社会人になるし、結局、就活の面接でもアニメオタクであることを言わなかったことを考えると、自分を変えなきゃいけないことは間違いなさそうだ。

　ネットサーフィンを続けると、「モテる男になるテクニック！」というページをみつけた。クリックすると、「モテる男は、外見に気を使う」という文章が目に飛び込んできた。彼女はどんなタイプが好みなんだろうか？　サイトによると、女の子たちは「塩顔男子」なるものが好きらしい。マッシュ系の髪型、一重か奥二重、まぶたが薄い、喉仏や鎖骨が出ている感じ、肌の色が白い、というのが特徴らしい。自分も肌の色は白いけど、その他はどうなんだろう。髪型をマッシュ系とやらにしてみようかな。あー、でも今まで陽キャのアネキのことをバカにしてきたし、いろいろと勘繰られるのもイヤだ。それに、アニメオタクの仲間に、仲間じゃないと思われるのも絶対に避けたい。

　それに、ショウタは自分に自信がない。部下の信頼も厚い父のヒロシは、ショウタの目には男らしく映っており、実はショウタの憧れである。反面、自分はあまり男らしくないんじゃないかと思ってしまうのだ。彼女はきっと男らしい人が好きに違いない。彼女とデートができるなら、少しくらい自分を変えたってかまわない。

男らしさをみせれば、彼女は僕とデートしてくれるだろうか？　しかし、どうすれ
ばいいんだろう。せめて内定者懇親会に出るときの格好くらい変えてみようか？
服くらいだったらなんとかなるかもしれない。

3 アイデンティティと消費

　消費者は自分の価値観と購入するモノやサービスを結びつけて考えることも多く、
自己のイメージと一致するイメージを持つモノやサービスを選択・所有するという。
これは、自己イメージ一致モデルと呼ばれている。たとえば、消費者は自己のイ
メージとブランド・イメージが一致するブランドを好む傾向にあるといわれている。

◆◆◆ アイデンティティとモノやサービスとの関係

　また、消費者のアイデンティティ形成という問題を、消費者とモノの関係からと
らえると、モノを所有することが消費者の自己イメージ構築に影響を及ぼすという。
モノは自己の一部となり（拡張自己）、所有によって消費者は自己を成長させ、他
者とは異なる独自の存在になることができる。ショウタにとってのアニメグッズが
良い例だ。ショウタはアニメグッズを所有することで、アニメオタクとしての自分
を確認している。彼は、アニメグッズを捨てることなど考えられないだろう。アニ
メグッズの所有を失うことは、ショウタのアイデンティティに危機を及ぼすからだ。
　モノの所有だけでなく、無形財の経験（コト消費）も、アイデンティティ形成に
関係しているという。とくにレジャーなど、日常とかけ離れた経験が、消費者の自
己イメージの構築とアイデンティティの形成につながるという。たとえば、急流下
りやスカイダイビングなどの経験は、さまざまな挑戦や危険も伴うため、それらを
乗り越えることによって、自己を成長させることができる。ショウタは休みに必ず
コミケに行くが、コスプレしたり、アニメオタク仲間とアニメ議論を延々としたり
することで、仲間との絆を深め、自分のアイデンティティを強化し、また成長させ
る。コミケは、ショウタにとって自己確認の場でもある。だからこそ、ショウタは
夏・冬を問わず、コミケに参加するのだ。
　また、消費で自己イメージを構築する上では、単一のモノやサービスの消費では
なく、複数のモノの所有やサービス利用などに基づいた、日々の生活の消費行為が

重要になるという。消費者は、自分の価値観に基づいてライフスタイルを描き、そのシナリオに沿ってさまざまなモノやサービスを取りそろえ、それらを互いに関連させる（第15章参照）。消費者は、自分なりの消費によって、独自のライフスタイルや生き方を創造することで、自己イメージを構築し、アイデンティティ形成を行っているのである。

 ## アイデンティティと集団との関係

　さらに、モノやサービスの消費だけでなく、消費者が所属する集団や場所それ自体が、自己イメージを構成する要素になることがある。消費コミュニティやサブカルチャーなどの消費集団において共有されるシンボルや意味は、消費者の自己を表現したり、アイデンティティ形成において重要な意味を持ったりすることがある。ショウタにとっては、コミケそのものが、ショウタのアイデンティティを形成しているといえよう。その他にも、ファン行為も、集団が生み出す自己イメージ構築とアイデンティティ形成であるといわれている。たとえば、お気に入りのスポーツチームを応援することは、自らの誇りや自己表現を生み出すことができる。ショウタの先輩が大好きなアイドルの追っかけをしているのは、彼のアイデンティティにとって重要な意味を持つためかもしれない。嵐の熱狂的ファンのアラシック（第5章参照）も、同じであろう。

　家族や民族といった集団と関係した消費も、消費者のアイデンティティ形成に影響を与えている。家庭における食事という行為や、民族における伝統的な衣服のスタイルなどもアイデンティティに関係するからだ。小石川家の食事は、専業主婦をしている母ユミコの手料理が基本だ。ショウタも手伝うことがあり、外食よりも手料理が好きである。そのためか、実は、ショウタの理想の彼女の条件の1つは、一緒に料理ができることなのだ。また、小石川家には、正月には親戚一同で集まって、和服で新年を祝うという家族行事がある。これは一家にとって、毎年恒例の大切な行事で、ショウタにとっても、姉のアイにとっても、小石川家の一員であるというアイデンティティを作り上げているものでもある。

　消費を通じて自己を定義することは、人生で新しい役割を担わなければならないといったように、アイデンティティが確立できていないときに、とくに重要になる。たとえば、ショウタはこれから大学を卒業し、社会人になるが、社会人としての自己定義はまったくできていない。象徴的自己完結理論によれば、人はこのようなと

き、その役割を連想させるモノを手に入れて誇示することで、アイデンティティを完成させる傾向にあるという。ショウタも、もしかするとビジネス用の腕時計や靴、バッグといったモノを購入することで、社会人らしい自分を形成させようとするかもしれない。

　また人は、他人が自分をどう見るかを「管理」する印象操作プロセスのために、消費することもある。印象操作プロセスは、仕事やデート、あるいは宗教的儀礼など、さまざまな場面でみることができる。ショウタが一目ぼれした彼女にどう見られたいのかを管理するために、ファッションスタイルを変えるのも例の1つだし、仕事ができる人に見られるためにかっこいい万年筆を買ったり、デートで彼女に気に入られるためにおしゃれなレストランで食事をしたりするのも印象操作プロセスである。

　以上のことから、消費者のアイデンティティがいかに消費によって構築されるのか、見えてきたことだろう。

4 アイデンティティとは

　では、そもそもアイデンティティとは何だろうか。アイデンティティと消費の関係を考える上で、このことについても少し触れておきたい。アイデンティティとは、「自分は何者であり、何をなすべきか」ということについて、1人ひとりの心の中に保持される概念と定義できる。とくに青年期は、「自分とは何か」「これからどう生きていくのか」「社会で自分なりに生きるにはどうしたらよいのか」といった問いを通して、アイデンティティの形成に敏感な時期である。ショウタも、恋愛や就職といった人生の新たな局面を迎えて、自己の新たな一面を模索している。

◈ 自己の多面性

　人がさまざまな集団に属し、さまざまな「顔」をもつように、人にはさまざまな自己がある。これを自己の多面性という。たとえば、ユミコが知っている家でのショウタと、就職活動先でのショウタは異なる。しかし、どちらもショウタの一面であり、ショウタ自身なのだ。人は誰もが、人生のなかで多くの役割を演じており（例：学生、息子、アニメオタク）、演劇にたとえるならば、役によって、衣装や小

【図10-2　自己の多面性】

ひとりの人間のなかに、学生としての自己、オタクとしての自己、
男らしい自己、息子としての自己など、たくさんの自己がある

道具、脚本などが異なる。この「役割アイデンティティ」も自己を構成する要素の
１つである。そして、場合によっては、ひとりの人間のなかで、役割同士が衝突す
ることもある。

　また多くの人が、現実自己（現実の自分についての考え）と理想自己（ありたい
自分についての考え）の２つを持ち合わせている。消費者は、現実の自分を表して
いると思うモノやサービスを購入することもあれば（ショウタがアニメオタクとし
て購入するアニメグッズ）、理想の自分に近づくために消費することもある（ショ
ウタが大好きな彼女に気に入られるために、髪型を変えようとすること）。現実自
己は、食料品や歯磨き粉といった、日常の機能的製品に表現されやすく、また理想
自己は、香水やファッションなど、表現力のある社交用製品に現れやすい。そして
多くの場合、現実自己と理想自己の間にはかい離がある。化粧品、ファッション、
スポーツ用品などの広告や雑誌記事は、きれいになった自分、モデルのような自分、
プロ選手のような自分を想起させるようなイメージを提示することで、消費者に夢
を見させる。そして消費者は、自分自身の気に入らない部分を補正し、気に入った
部分を強調するために、そういったモノやサービスを消費するのである。

第10章

ヴァーチャル・アイデンティティ

　さらに、インターネットの発展で、最近では、オンラインの自己であるヴァーチャル・アイデンティティにも注目が集まっている。オンラインの世界では、参加者は自分のヴァーチャル・アイデンティティであるアバターを作成する。たとえば、任天堂が提供している「どうぶつの森ポケットキャンプ」では、自分のアバターを通じて、魚や虫を捕ったり、果物を拾ったり、家具を作り自らのキャンプ場やキャンピングカーの模様替えをしたりすることができる。また、ゲーム内でユーザー同士が交流することもでき、知人のキャンプ場に遊びに行ったり、バザーに出品されている商品を見たり、イベントで協力したりすることができる。アバターは自分自身に似せた現実的な姿もあれば、緑や水色の髪に変えたり、キラキラ目にできるなど、幅広い。そしてオンラインの世界でも、オンライン世界の通貨を使って、バザーの商品の売り買いなど消費することができる。オンラインの自己がどう消費行動に影響を与えるのか、そしてオンラインの自己とオフラインの自己がどう関係しているのか、こういったことについては研究が始まったばかりだが、これからも目が離せない問題である。

5 アイデンティティと社会からの期待

　さて、ここまで説明してきたアイデンティティは、自分のありたい姿を追求・実現するといった側面である。しかし私たちは、社会から期待される姿を追求・実現することも行う。私たちは、社会からの期待を読み取ることで自らを認識し、アイデンティティを形成することもある。社会学者はこのことを、「鏡に映る自己」と呼ぶ。

性 役 割

　男性、あるいは女性として、どう見え、どう行動し、どう話すべきかといった、「男らしさ」や「女らしさ」は、社会から期待されるアイデンティティの一例である。性別に社会的に期待されている役割は、性役割と呼ばれる。たとえば、日本で

Column10 - 1

ファッション誌による理想自己や性役割の形成

　日本の女性にとって（最近では男性も）、ファッションは極めて関心の高いものであり、テイスト、年齢、生活・収入レベルの違いによる読者層別のファッション誌が数多く発行されている。洋服や装飾品だけでなく、ライフスタイル全般を取り上げるファッション誌も多く、読者に少なからず影響を与えている。1970年代には、『an an』と『non-no』が若い女性に大きな影響を与え、「アンノン族」という流行を生み出している。2000年代には、『CanCam』の専属モデルであった蛯原友里が、誌面で着用した服は即完売するという影響力をもち（「エビちゃん現象」と呼ばれた）、日本中に「エビOL」「エビ女子大生」「エビ主婦」が出現した。

　最近では、Instagramなどソーシャルメディアの台頭に伴い、ファッションブロガーの影響力が増しているが、それでもファッション誌の影響力は根強く残っている。10代後半から20代の女性に強みを持つファッション誌の編集者は、雑誌が読者に対して指南的な役割を担っていると語る。明日から取り入れることができる、トレンドに合わせた着こなしを紹介すると同時に、30代になったときにどんな女性になっていたいのかを提案するような記事も掲載している。憧れの一流ブランドの商品や歴史を紹介する連載記事は、その典型である。「今は手に届かないかもしれないけれど、30代にはそういった品々が似合う女性になりたいね」といったメッセージが込められているのである。また、その時代に合った「女らしさ」も、さまざまな局面で提案しているという。たとえば、「彼ママに好かれたい！」といったような記事では、彼氏や彼氏の家族に好かれる女性像（ファッションだけでなく、振る舞い方なども）を描くことで、その時代の「女らしさ」を伝えている。ファッション誌が、理想自己や社会が期待する性役割の形成に一役を担っていることがみてとれるだろう。

は「男は度胸、女は愛嬌」といわれる。これは、男性は度胸があるほうが男らしくて魅力的だという考えを表しており、つまり「男性というのは勇気や決断力があるべきだ」という見方である。消費者は、こうした社会が期待する男らしさや女らしさに応えるために消費することもある。ショウタが気にしている塩顔男子の特徴は、薄い顔と男らしい体つきのギャップなのだが、この男らしい体をつくるために、ジムに通う男子もいるかもしれない。

【図10‐3　ユミコに見られる「女らしさ」とヒロシに見られる「男らしさ」】

　もちろん、性役割の内容は、時代とともに変化するし、社会によっても異なる。日本では、「男は仕事、女は家事・育児・買物（男は妻子を養い、女は家庭を守る）」という分業を主としてきた。小石川家もこの典型だ。ヒロシは家のことはまったくできないし、ユミコは専業主婦として、家の切り盛りを行っている。しかし、ここ近年では、女性の社会進出も進み、共働きが増加し、男女の性役割も見直されつつある。複雑な現代社会では、私たちは、状況に応じて、次々と仮面を取り換えているような状況だ。女性たちは、異なる状況でさまざまな役割を果たしている。たとえば、母親または恋愛のパートナーとして女らしい役割を果たし、タフなビジネスパーソンとして男性的な役割を果たし、そして友人としては男女の役割を同時に果たすかもしれない。アイも、オシャレも仕事も恋にも手を抜かないタイプで、見た目は女らしく、また彼氏に見せるファッションにも気を使うが、実はサバサバとした男っぽい一面も持ち合わせており、仕事でチームリーダーになったように、決断力を持っていたりする。

　同様に男性も、どう振る舞い、どう感じるべきかということについて、矛盾するメッセージを受け取っている。これまでの日本社会が求める理想的な男性のステレオタイプは、落ち着いていて、判断力や行動力があり、「男らしい」スポーツを楽しむ、といったものであった。また、「男子厨房に入るべからず」という言葉もあり、「料理は女性の専売特許で、男は台所でウロウロするものではない」という考え方が一般的だった。しかし最近では、こうしたステレオタイプが覆されようとし

Column10 - 2

自己観における文化差

　自己のとらえ方には、グローバルレベルで共通する部分もあれば、それぞれの
国や文化に特有の部分もある。自己観が、東洋文化と西洋文化では大きく異なる
ことが、これまでに明らかにされている。東洋文化では相互協調的自己観が中心
的であり、人々は「自分は他者とつながりを持った存在だ」と考える。自己は、
他者や状況などと結びついた社会関係の一部としてとらえられることが多い。
　反対に、西洋文化では相互独立的自己観が中心的であり、人々は「自分は他者
とは別の存在だ」と考える。自己は、（他者や状況とは関係のない）個人の能力
や性格などによって確立されることが多い。相互協調的自己観が強い人は、たと
えば、「学校にいるときの私と、家にいるときの私は違う」と感じることがある。
自分を、他者や周囲に合わせようとするためだ。しかし、相互独立的自己観が
強い人は、「どんな状況にいても、私は私だ」と考える。私はどんな人間かとい
うことを常に考え、どんな状況でも自分が一貫していることを好むのである。

【図10 - 4　相互協調的自己観と相互独立的自己観のモデル図】

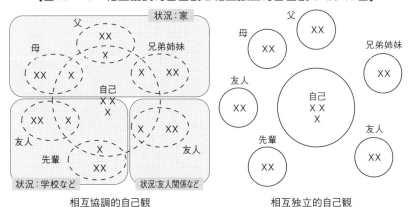

相互協調的自己観　　　　　　　　　相互独立的自己観

出所：梶田、溝上（2012）p. 29、図1-2-1をもとに著者作成

　こうした自己観の違いは、消費者行動にも影響を与える。自己を相互独立的に
とらえる文化では、個人の消費の好みは、その人の嗜好、価値、信念を反映する
ものである。スローガンは「自分らしく」であり、消費では自己を表現すること
が激励される。

　一方、自己を相互協調的にとらえる文化では、消費者行動において、社会的に適切にふるまうといった価値観が重視される傾向にある。たとえば、日本では、ビジネスシーンでの適切な身だしなみというものが、社会のルールとして存在している。ビジネスの状況では、お客様や同僚が違和感を抱かないことが何よりも大切であり、自分が楽しんだり、自分を表現したりするおしゃれとは根本的に違う。就職活動のときに、就活生の大半がリクルートスーツを着用するのが、良い例だろう。北米では、リクルートスーツといったものは存在しない。もちろん、常識というものはあり、その範囲内で行動する必要はあるが、基本的には自分が好きなスタイルを着用する。シャツに柄が入っていたり、カラーシャツであったりしても、とくに批判されることはない。

ている。たとえば、厚生労働省が「イクメンプロジェクト」を立ち上げ、男性がより積極的に育児に関わることができるよう、啓蒙活動を行っている。

　また、性役割の変化によって生じた結果の1つは、男性がこれまでになく自分の容姿に関心を持つようになったことだという。最近では、世界中で男性の多くが、男性用洗顔料、保湿液、日焼け止めなどのスキンケア製品を使用している。塩顔男子も、髭もなく、キメ細かな白肌で、肌の手入れがされている感が漂っている。何を隠そう、ショウタもメンズビオレシリーズの愛用者だ。

 ## その他の役割

　社会から期待される役割には、他には職業の役割（教職員・医者など、職業に期待されるアイデンティティ）、住民として期待されるアイデンティティ、そして海外に行く場合には出身国の外交官としての役割（日本人であれば、日本人としてのアイデンティティ）などがあげられる（もちろん、この他にもたくさんの役割が存在している）。性役割と同様に、こうした社会から期待されるアイデンティティを実現するために、私たちは消費を活用することもある。

　最後に、アイデンティティというものは、どこかの段階（たとえば、25歳や30歳）で確立するといったものではなく、ずっと続くプロセスだととらえる人もいる。ある程度アイデンティティが形成されたかと思うと、次の新たなアイデンティティの側面がやってくるというのである。現代人にとって、消費が死ぬまで続く行為であることを踏まえると、アイデンティティと消費の関係も一生続くものだと考えら

れるだろう。

6　おわりに

　この章では、ショウタが一目ぼれをするという恋愛ストーリーを通じて、アイデンティティと消費の関係について学んできた。「憧れの自分に近づくために、どのような消費行動をとっているのか」から「好きな異性に好かれるために、どのような消費決定を行っているのか」まで、アイデンティティと消費の関係を学ぶことは、消費者行動を理解する上で大いに役立つだろう。とくに、現代に生きる私たちにとって、消費は決して、生きるために必要なものを得るためだけの行いではない。人は、自分が消費するモノやサービスに対して、何らかの意味を与えている。言い換えるならば、消費はその人のアイデンティティを反映しているのである。

？考えてみよう

① 　自分自身の現実自己と理想自己を比べてみよう。それぞれの自己観に基づいて購入を決めているモノやサービスを３つずつ考えてみよう。

② 　友人のお気に入りの持ち物の写真を集めて、その写真だけで、その人のアイデンティティや性格を考えてみよう（まだよく知らない友人を選んでみよう）。

③ 　最近、マーケティングで注目を集めているメトロセクシュアル（サッカー選手のデビッド・ベッカムが代表的で、彼はエステサロン、ピンクのマニキュア、女性用の下着を身に着けることで有名）と呼ばれる人々に向けて、もしあなたがマーケティング責任者ならば、どのようなマーケティングを行うかを考えてみよう。

参考文献

マイケル・R・ソロモン（松井 剛（監訳）、大竹光寿、北村真琴、鈴木智子、西川英彦、朴 宰佑、水越康介（訳））『ソロモン 消費者行動論』丸善出版、2015年。

ジャン・クロード・ウズニエ、ジュリー・アン・リー（小川孔輔、本間大一（監訳）、酒井麻衣子、豊田裕貴、岩崎達也、大風 薫、頼 勝一、八島明朗、神田晴

彦、小川浩孝、竹内淑恵、中塚千恵（訳））『異文化適応のマーケティング』ピアソン桐原、2011年。

次に読んで欲しい本 ━━━━━━━━━━━━━━━━━━━━━━━━━━━━●

☆アイデンティティや自己についてさらに学ぶには……。

梶田叡一、溝上慎一（編）『自己の心理学を学ぶ人のために』世界思想社、2012年。

☆ブランド・アイデンティティについて学ぶには……。

デービッド・アーカー（阿久津　聡（訳））『ブランド論：無形の差別化をつくる20の基本原則』ダイヤモンド社、2014年。

家　族
──小石川家の買い物は誰が決めているのか?

第1章
第2章
第3章
第4章
第5章
第6章
第7章
第8章
第9章
第10章
第11章
第12章
第13章
第14章
第15章

1　はじめに

　第6章では、個人としての消費者が、自分のニーズや欲しいと思うモノの存在に気づき、予算との兼ね合いなどを考慮しながら、購入するモノを決めている様子を詳しく学んだ。だが、身の回りのモノや普段利用するサービスをよく思い出してみてほしい。トイレットペーパー、クルマ、テレビ、クリーニング屋などは、皆さんが購買意思決定を下したものだろうか？

　これらの例のように、モノの中には、家族揃って、あるいは家族の誰かが代表して買い物に行き、その後、家族全員で所有したり、使用したりするものがある。この場合、誰が買いたいと言い出したり、買う店や買うモノを決めたりしているのだろうか。お金を出しているのは誰だろうか。その間に意見の対立が起こった場合、誰が家族の意見をとりまとめているのだろうか。あるいは、誰が他の家族に折れて、自身の意見を取り下げているのだろうか。このように、家族による消費では、メンバーが担っている役割はそれぞれ異なる。誰がどの役割を担っているのかを明らかにすることは、企業がモノを宣伝・販売する際に重要である。

　この章では、小石川家の家族旅行のショートストーリーを通じて、家族の購買意思決定のあり方、もはや家族であるペットの役割とペット関連消費の現状、および消費者としての子供の社会化について、見ていくことにしよう。

2　家族旅行をめぐる小石川家のバトルと心配事

　姉のアイと弟のショウタも、もう子供ではないし、家族4人で旅行に行くことは、これからは難しいかもしれない。そう考えた父のヒロシは、思い切ってハワイでお正月を過ごそうと言い出した。上司との付き合いではないゴルフと、若い頃以来、遠ざかっていたダイビングをしたいのだ。

　ヒロシはまず、妻のユミコとアイを説得し始めた。2人は仲が良く、いつも意見が一致するからだ。昔は家族旅行によく出かけていたが、ショウタの受験やアイの就職以来、なかなかそんな機会がなかった。旅費は高いけれども、ショッピングセンターやアウトレットモールで高級ブランドのバッグや時計を安く買えると考えれ

【図11‐1　家族旅行と聞き、それぞれ思いを馳せる小石川家】

ば、元は少し取れる。あまり上手ではないが、こうして説得してみると、2人も徐々に乗り気になってきた。しかし、ペットのモモのことが2人とも気がかりだ。もちろん自宅に置いていくことはできない。だが、ペットホテルの年末年始料金は高いし、モモにとってホテルは慣れない環境で、かわいそうだ。

　すると、アウトドア派でも海外志向でもないショウタが、それならペットをクルマに乗せていける国内でいいじゃないか、岐阜県の飛騨はどうかと提案してきた。ショウタはアニメ「君の名は。」の聖地に行くのをもくろんでいるのだ。だがヒロシは、それじゃいつものお正月と変わらない。奮発することで大黒柱としていいところを見せたいのに……とふてくされる。

　アイがネット検索をしてみると、留守中に定期的に自宅に来て、散歩やエサやりを代行してくれるペットシッターというサービスを発見した。ホテルより利用料金が安いし、モモの世話のついでに観葉植物への水やりなどをしてもらえるというのも嬉しい。だが今度はヒロシが、他人に合鍵を渡すことを心配し、ショウタもせっかく集めてきた貴重なフィギュア類を壊されたりしないかと心配し始めた。結局、ユミコとアイがクチコミサイトの評判が良いペットシッター業者をいくつかピックアップし、一度、家族でシッターと面会するとともに、モモとの相性をチェックして、最終決定を下すことにした。

第11章

3 家族の購買意思決定

家族の購買意思決定における役割

家族とは、夫婦・親子を中核として、婚姻ないし血縁により結ばれた近親者を含む集団である。他方、住居および生計を共にする者の集団は、世帯と呼ばれる。多くの場合では、家族が世帯を構成しているものの、家族ではないメンバーが同じ世帯を構成することもあれば、家族が複数の世帯に分かれていることもある。

家族の購買意思決定プロセスにおいて、家族の各メンバーがプロセスごとに担う役割は、主に7つに分類される。①先導者は、商品の購入話を最初に持ちかける人である。②影響者は、購買意思決定に直接的・間接的に影響する人である。③専門家は、モノや店についての情報を集める人であり、実際に店を見て回ったり、専門誌を読んだりする人がこれに該当する。④決定者は、モノを購入するか否か、購入するならどれにするかを決定する人である。⑤購入者は、実際にモノを購入し、支払い、家に持ち帰るか、配送を頼む人である。⑥消費者は、購入したモノを実際に使用する人である。最後に⑦管理者は、購入後にモノの保管や手入れをする人である。

そもそも小石川家がペットのモモを飼い始めたのは、アイが就職したことがきっかけだった。社会に出て仕事を始めると、仕事内容はもちろん、職場の人間関係や、自由時間の少なさなどにより、アイはストレスを抱えて帰宅することが増えていた。そのような時期に、たまたま通りがかったペットショップでモモを見て一目ぼれしたアイが、犬を飼いたいと言い出したのだった。

ユミコは以前、心療内科の医師が動物の癒し効果について語り、病院でも治療の補助として動物を用いる「アニマル・セラピー（動物介在療法）」が導入されつつあると紹介する雑誌記事を、美容院で読んだ。こうしたこともあって、アイに賛成したのだった。この場合、アイが①先導者で、ユミコおよび心療内科の医師が、②影響者ということになる。

その後は、アイとユミコがペット雑誌などを見て、犬を飼う上で必要な環境や注意点、悪質なペットショップの見極め方などについて、情報を集めていった。その

上で、ヒロシに相談し、実際にペットショップでモモを見てもらった上で、飼うことを決めたのだった。ここでは、アイとユミコが、③専門家、ヒロシは、④決定者かつ、⑤購入者ということになる。こうして小石川家に迎えられたモモは、ショウタも含めて家族全員が、⑥消費者かつ、⑦管理者として可愛がっている。

　上述の役割のうち、ベビー用品や子供向けサービスでは、特に、③専門家と、④決定者、また、⑤購入者と、⑥消費者が別人であるケースが多い。だが、大人向けのモノであっても、このケースはしばしば見受けられ、こうしたモノを宣伝・販売する企業は、さまざまな工夫をしている。

　たとえば、子供が少し大きくなってきた、2人目の子供が生まれたといった理由で、軽自動車やセダン（一般的な乗用車のこと）からミニバンへの買い替えを検討する専業主婦家庭の場合を考えてみよう。家族で外出する際に運転し、購入資金を出すのは夫であっても、買い物や子供の送り迎えで日常的に車を運転するのは妻である。また、妻のほうが平日に自由時間があるかもしれない。こういった場合、妻のほうが熱心にディーラーに足を運び、営業担当者に沢山の質問をし、カタログやインターネットで情報を集めてきて夫に見せるだろう。そこで自動車メーカーは、妻がベビーカーの上げ下ろしをするCMを流したり、ディーラーは競合車との比較ポイントをまとめたわかりやすい資料を作ったり、キッズスペースで子供の相手をしたりするのである。

家族の購買意思決定のタイプ

　購買意思決定を家族の誰が担うのかは、家族関係によって異なる。これを場合分けすると、主に4タイプに分かれる。主要な意思決定を常に夫が担う場合は、①夫優位型、常に妻が担う場合は、②妻優位型と呼ばれる。また、夫と妻が同程度の影響力を発揮して決定する場合は、③共同型と呼ばれる。対象ごとに意思決定を担うメンバーが変わる場合は、④自律型と呼ばれる。**図11-2**では、商品カテゴリーごとに、決定を主に担う家族のメンバーが異なる様子が見て取れる。

【図11‐2　家族のメンバーが買い物に与える影響力】

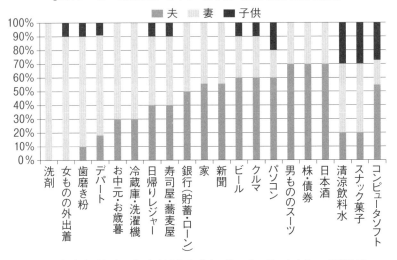

出所：博報堂生活総合研究所（2005）「その後の３：５：１家族─時系列デー
　　　タから捉えた家庭消費に見る家族の力関係」『生活新聞』No. 417をも
　　　とに著者作成。調査では、家族の誰の意見がどの程度反映されているか
　　　という比率を、夫・妻・子供に振り分けて尋ねている。

4　家族のライフサイクル

◆ 家族のライフサイクル

　第７章でみたように、個人が生まれると、大人に成長し、さまざまなライフス
テージを経験する。これと同様に、家族も、メンバーが増えたり減ったりする。こ
うした家族のライフステージの変化は、家族のライフサイクル（Family Life
Cycle、FLC）と呼ばれる。FLCという概念は20世紀初頭のアメリカで生まれた。

　統計データを基にFLCの段階数や段階を決める要因が明示的にされたのは、
1930年代である。FLCの段階は、年齢、婚姻状態、同居する子供の有無、子供が
いる場合はその年齢などの組み合わせで決められる。当初は４段階が主流であった
が、その後に段階数の見直しが進められ、一般的には「若年単身」「若年夫婦（子
供なし）」「若年家族（子供あり）」「中年家族（子供あり）」「老年夫婦（未婚の子供

【図11‐3　現代版家族のライフサイクル】

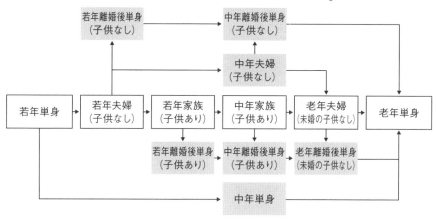

出所：Murphy, P. E. and Staples, W. A.（1979）"A Modernized Family Life Cycle," *Journal of Consumer Research*, 6（June）を著者加筆・修正。黒枠は伝統的なステージ、網カケ部分は現代版および著者により追加されたステージである。

なし）」「老年単身」などを主とする６～８程度の段階数からなるとされる。このうち「老年夫婦（未婚の子供なし）」とは、子供が結婚や独立をして家を出たために、夫婦２人の生活に戻った状態であり、「エンプティ・ネスト（空になった巣）」と呼ばれる。「老年単身」とは、夫婦のいずれかが死去したことを示している。

　だが1970年代になると、アメリカでは、離婚率の上昇や、出生率ないし世帯当たりの子供の数の減少、および高齢化などの人口統計的な変化が、FLCに影響を及ぼす要因として認識され、FLCの改変の必要性が主張された。また、伝統的なFLCでは、子供のいない夫婦や、ひとり親家族などが無視されているという指摘もあった。そこで1970年代末に、現代版FLCが発表された（**図11‐3**）。なお、現代版FLCでは、生涯に渡って結婚しない、いわゆる「非婚」の人が考慮されていない。だが非婚化が進む現代では、「若年単身」から「中年単身」を経て「老年単身」へ至るルートがあるだろう。

　アメリカに比べて離婚率が低いとされてきた日本でも、実際には同じ頃から離婚率は上昇していった。2017年には年間61万組が婚姻した一方で、21万組が離婚している。「３組に１組が離婚する時代」といわれるが、婚姻数はその年に結婚したカップルの数、離婚数はこれまでに結婚したすべてのカップルのうちその年に離婚したカップルの数であることに注意が必要である。また、平均初婚年齢は男女とも30歳前後まで上昇した。さらに、非婚の人の増加を示す生涯未婚率も、上昇し

Column11 - 1

日本の家族形態の変化

　2015年実施の国勢調査によると、日本の一般世帯（寮、病院、矯正施設などの施設等ではない世帯）の数は5,333万世帯である。世帯数は過去20年間でおよそ1,000万増えたが、その類型別に見ると、「夫婦のみの世帯」と「単独世帯（一人暮らし世帯）」が特に増えている。とりわけ単独世帯は、2010年調査において構成比で初めて3割を超え、また類型別では「夫婦と子供から成る世帯」を上回り、最も多い類型となった。それゆえ、一世帯あたりの人員数は減少の一途をたどり、2015年調査では2.33人となっている。

　この現象の理由としては、高齢化と、晩婚化・非婚化が挙げられる。まず高齢化については、総人口のうち65歳以上の高齢者は2015年で26％を占めており、日本は世界で最も高齢化率が高い国である。また平均寿命も、2015年に男性80.75歳、女性86.99歳と、同様に世界最高水準にある。その結果、配偶者の死去などにより、高齢者の単独世帯も増え、男性の1割、女性の2割は一人暮らしである。

　次に晩婚化・非婚化については、国立社会保障・人口問題研究所によると、2017年の初婚の平均年齢は男性31.1歳、女性29.4歳となっている。過去からの変化を見ると、男性の初婚年齢は1990年に28.4歳であったのに対し、女性は、大学進学や社会進出が増えたこともあり、1990年の25.9歳から男性を上回るペースで初婚年齢が上昇している。こうして結婚時期が遅くなると、かつてのように子供を沢山産むことは難しく、世帯人員数の低下や夫婦のみの世帯の増加を招いていると考えられる。他方、生涯未婚率（50歳時の未婚率を推計したもの）を見ると、1990年は男女とも5％前後だったが、2015年は男性で23.37％、女性で14.06％に急増している。結婚をしない「非婚」という生き方は、もはや珍しくないということだ。これは単独世帯の増加につながっていると考えられる。

ている（**Column11 - 1**）。

　「LGBTQ」（Lesbian, Gay, Bisexual, Transgender and Questioning）と呼ばれる性的マイノリティの人たちのうち、同性カップルは、現時点では婚姻が認められておらず、家族になれない。日本国憲法24条において、婚姻は「両性の合意のみに基いて成立」すると規定されているためである。しかし海外では、オランダ、イギリスの一部、アメリカ、台湾などでは同性婚が認められている。こうした動き

を受けて、2015年４月に東京都渋谷区は、全国で初めて、同性のカップルに対して、婚姻に相当する関係だと認める証明書の発行を含む条例を施行した。このパートナー制度は、渋谷区を皮切りに、現在では20以上の自治体で整備されている。この制度により、入院時の面会許可や住宅入居時の規制緩和などのメリットも生じた。しかし、海外の多くで認められている同性婚とは異なり法的拘束力がないため、税制優遇や特別養子縁組は受けられないなど課題は残っている。

　とはいえ、LGBTQ、特に同性カップルの人たちにとって、日本では子供を持つことは非常に難しい。カップル以外の男性に精子を提供してもらい出産するか、海外で卵子提供もしてくれる代理母に出産してもらうといった方法が考えられるが、いずれも身体的、金銭的、倫理的な問題がある。異性カップルであっても、平均初婚年齢の上昇に伴い、子供を授かりたいと思っていてもなかなか妊娠しないカップルが増えている。また、そもそも結婚することや、結婚しても子供を持つことを、望んでいない人もいる。

◆ ペット

　こうしてエンプティ・ネストの老年夫婦や子供のいない夫婦、一人暮らしの人、および性的マイノリティの人たちが増えるにつれ、子供や家族代わりとしての役割がペットに見いだされるようになった。代表的なペットである犬と猫に関していえば、2018年に日本では、犬890万頭、猫964万頭が飼育されている（ペットフード協会調べ）。2018年の15歳未満の子供の数は1,533万人であり、ペットの数は約15年前からずっと、子供の数を上回っているのだ。犬、猫に続き飼育世帯が多いのは、魚（金魚、メダカなど）、カメ、小鳥などであり、2018年に何らかのペットを飼育している世帯は、全世帯の29.7%だとされる（ペットフード協会調べ）。

　犬に注目してみると、戦後の混乱期には、よく吠える日本スピッツが番犬として飼われたり、バブル景気の際は、シベリアンハスキーなど飼育費用のかかる犬が経済的豊かさの象徴として飼われたりした。だが、近年、犬を飼う理由は、「自分を癒してくれるから」「生活に安らぎが生まれるから」など、ストレス解消がメインになっているようである。これに伴い、ペットの存在も「家族の一員」となっている。家族の写真や氏名に続けてペットの写真や名前を載せた年賀状、ペットの名前を載せた表札さえ、現在では見つけることができる。飼い主にとっては、年賀状や表札にペットを記載することは、自然なことなのかもしれない。

Column11 - 2

ここまで進化した犬用グッズ

　ペットは、その飼育率が高くなっているだけでなく、扱われ方にも変化が見られる。飼い主は、旅先に連れていき一緒に旅行を楽しんだり、服を着せておしゃれをさせたりするなど、人間と同じように接するようになった。この動きに対応して、企業側も、ペット向け商品の開発に余念がない。

　旅や外出に関しては、ホンダは「Honda Dog」と題して、ペット連れで外出・旅行しやすい機能や設備を備えたクルマの企画・販売をしている。それだけでなく、ペットの入店が可能なレストランやカフェ、旅先でのドッグランやホテルなどの情報を、カーナビで、またはウェブサイトで提供したりしている。

　おしゃれに関しては、ファッション企業のオンワード樫山は、ペットファッション企業のクリエイティブヨーコを買収した。同社が扱う犬用の服には、アメリカの「J. プレス」、フランスの「マリ・クレール」など、世界的に有名なブランドが含まれる。また、ライオンのグループ企業は、ペット用の歯ブラシや歯磨きガムを発売している。

　住環境に関しては、賃貸マンションにおいてペットの飼育を認める物件が増える一方、持ち家においてもペット飼育仕様の自宅にする人が増えている。そこで大建工業は、傷が付きにくい壁材や床材、汚れやにおいが付きにくい床材、ペット用のドアといった内装材や設備をつくっている。

　室内飼育では、病気や交通事故のリスクが減るため、寿命は1985年の犬8歳、猫11歳から、2014年には犬猫ともに14歳超に延びた（ユニ・チャーム、ペットフード協会調べ）。そこでユニ・チャームは、犬種に加え、「7歳以上」「10歳以上」「13歳以上」など、年齢軸でセグメンテーションした高齢犬向けフードを発売している。また、サントリーのグループ企業は、人間の高齢化対策サプリメント「セサミンEX」を転用したペット用のサプリを出している。さらに、ヤマヒサは、「zuttone」というブランド名で、人間と同様の犬用介護用品を販売している。具体的には、歩行を補助するハーネス、食事補助用の持ち手の付いた食器、紙オムツやパッド、床ずれ予防ベッドなどである。

　また、ペット向けの病院や保険サービスの数も年々増え、競争が激化している。さらに近年では、「冠婚葬祭」を手掛ける企業も登場している。「冠」（人間でいえば成人）のためには、飼い主に代わって犬に散歩のルールやトイレの場所などを教

え込む業者や、飼い主にペットの心理や行動を解説する雑誌がある。「婚」のためには、ペット同士の交配を担う業者が存在する。「葬祭」のためには、ペット専門の火葬場や、ペットを一緒に墓に入れられる霊園がある。こうしてペット向け商品は人間向け商品と同様に、生まれてから死ぬまでに渡って、年齢軸によるセグメンテーションなどを含む綿密なマーケティングが展開されている（Column11-2）。

5 消費者としての子供の社会化

消費者の社会化

　子供は生まれつきの消費者なのではない。主に親などの家族や、テレビやインターネットなどのメディアの影響を受けながら、消費市場と向きあうためのスキル、知識、態度を身に付けていくのだ。このプロセスは「消費者としての子供の社会化」といわれる。

　子供は幼い頃、いわゆる「おままごと」や「ごっこ遊び」を通じてさまざまな役割を疑似体験する。アイもショウタを相手に、お医者さんごっこなどをしたものだった。この役割体験の中には、消費関連のものも含まれる。タカラトミーは、女児向け人形の「リカちゃん」本体や洋服などを多数発売すると同時に、家、乗り物、家具・家電、ペット、お店も揃えている。お店シリーズの中には、「ミスタードーナツ」や「サーティワンアイスクリーム」と共同で、制服や店内の様子を再現したものがある。子供は店員や客として人形を操りながら、注文や会計の仕方、商品の作り方や陳列の仕方を学ぶのだ。これに共同する企業側には、幼いうちから子供の間にブランド・ロイヤルティやストア・ロイヤルティを形成させるという狙いがある。

　ごっこ遊びをさらに本格化したのが、職業体験型テーマパーク「キッザニア」である。ここでは子供が興味のある仕事ができるパビリオンへ行き、スタッフの指導のもと、制服を着て、実際の職業に就いたかのようにふるまう（写真11-1）。こうして一定時間働くと、報酬として専用通貨「キッゾ」がもらえる。キッゾは、他の子供が働くパビリオンで、買い物に使うことができる仕組みだ。保護者は原則として、子供に付き添うことはできず、子供の様子を眺めるだけである。キッザニア

【写真11 - 1　キッザニア東京で宅配業者の仕事を体験する子供たち】

写真提供：KCJ GROUP

東京の場合、ヤマト運輸、はとバス、サントリーなど約60社がスポンサーとなっ
てパビリオンを出展している。その理由は、子供の自主性や職業意識を高めると同
時に、タカラトミーと同じく、幼い子供の間で自社へのロイヤルティを高めたいか
らだ。

◆◆◆　幼い子供への商業主義の影響

　このように、幼いうちから子供が商業主義や消費文化に取り囲まれていることに
ついては、懸念もある。たとえば、子供は雑誌やテレビを見ていて、記事やニュー
ス番組と、広告やCMを区別することができないため、子供のうちから特定のブラ
ンドの広告に慣れ親しむことになる。ファストフードのチェーンは、子供が欲しが
るようなおもちゃをセット料理のおまけにし、CMを流すことで、子供とその家族
の来店を促している。アメリカでは学校でさえ、スクールバスに広告が掲示された
り、施設名にスポンサーとなった特定のブランド名が冠せられたり、校内でロゴ入
りグッズやクーポン券が配布されたりしているという。こうなると、幼すぎる子供
であっても、ジャンクフードなどの有害商品を含む多数のモノの購買意思決定プロ
セスにおいて、「あれがほしい」「買うならこのブランド」と言い出し、親に代わっ
て先導者や決定者になる可能性が増すことになる。

6 おわりに

　この章では、家族の購買意思決定のあり方、家族のライフサイクル、消費者としての子供の社会化について学んできた。家族はライフステージごとに、消費対象やその出費額が異なる。皆さんはいずれ家庭を持つかもしれないだろう。その際に消費者として家計の長期計画を立てることは重要である。1人の子供を大学まで進学させると、1,000万円～2,000万円の教育費がかかる。同時に、食費やクルマのローンなどの支払いもある。いつ頃、何にどのくらい出費することになるのかを、計算してみてほしい。

　一方、企業は、こうした出費についての予測をすることで、どのライフステージにある家族に、何がどのくらい売れそうかを考え、商品を企画したり、DMを送ったりしている。その際、家族のメンバーのうち、誰が購買意思決定のカギを握っているのかを把握することが重要である。今日では、子供同士でもモノに関するクチコミをしあうため、子供がカギを握っている場面が増えていることも、念頭に置くべきである。

?考えてみよう

① 　自宅にある家族共用のモノを3つ挙げ、それぞれについてどのような家族の購買意思決定が下されたのかを考えてみよう。

② 　家族形態の変化（Column11-1）を読んだ上で、コンビニエンスストアに行ってみよう。コンビニでは、一人暮らしの人が増えたことに、どのように対応しているか考えてみよう。

③ 　子供向けのモノやサービスのマーケターは、売上を伸ばすために、どこでどのようなプロモーション活動をすべきか、考えてみよう。

参考文献

ジュリエット・B・ショア（中谷和男（訳））『子供を狙え！』アスペクト、2005年。
マイケル・R・ソロモン（松井　剛（監訳）、大竹光寿、北村真琴、鈴木智子、西川

英彦、朴 宰佑、水越康介（訳））『ソロモン 消費者行動論』丸善出版、2015年。

次に読んで欲しい本 ────────────────────────●

☆食卓に見る家族（特に母親）の購買意思決定のあり方を学ぶには……。

岩村暢子『普通の家族がいちばん怖い：崩壊するお正月、暴走するクリスマス』新
　潮社、2010年。

☆ペット連れ旅行ニーズの高まりと、輸送・宿泊・旅行業者の対応を学ぶには……。

安田亘宏、中村忠司、吉口克利『犬旅元年：ペットツーリズムの実態と展望』教育
　評論社、2008年。

第**12**章

集 団
──なぜ友人同士の服装は似てしまうのか？

第1章
第2章
第3章
第4章
第5章
第6章
第7章
第8章
第9章
第10章
第11章
第12章
第13章
第14章
第15章

1 はじめに

　友人同士、服装が良く似ているグループを見たことはないだろうか？　皆さん自身も、友人の洋服や持ち物が自分のモノにそっくりで驚いたことがあるかもしれない。このように、友人同士で好きなモノや購入するモノが似てしまう現象は、なぜ起こるのだろうか。私たちは、似たモノが好きだから友人になったのだろうか。それとも、友人になったから似たモノが好きになったのだろうか。

　この章では、後者、つまり友人などの周囲の人々が消費者の好みに及ぼす影響を取り上げる。こうした影響は、消費者自身に自覚されている場合もあるし、自覚されていない場合もある。私たちは、知らず知らずのうちに、友人と似た服を選び、友人が好きそうなモノを購入しているのかもしれない。

　他者による影響は、近年、ますます強くなってきている。その要因の1つとして注目されるのは、ソーシャル・メディアの普及により、消費者間での情報のやり取りが活発化していることだろう。私たちは、ソーシャル・メディアの情報を参考に、評判のレストランを予約したり、話題の新製品の購入を決めたりする。消費者の中には、ソーシャル・メディアへの投稿を意識しながら、モノやサービスを購入する人もいるという。私たちが考えている以上に、消費者は、他者からさまざまな影響を受けながら消費者行動を行っているのである。

　この章では、消費者行動の中でも他者の影響を解説する。特に姉のアイの女子高時代の友人関係を取り上げることで、準拠集団、オピニオン・リーダー、クチコミなどについて学んでいく。

2 アイの女子高友だち

　秋も深まったある日の仕事終わり、アイのスマホに、高校時代の友人ミホから連絡が届いていた。どうやら、結婚が決まったらしい。最近、友達の結婚が増えてきたな……と思いながら、祝福のメッセージを送り返すアイ。すると、一緒に仲良くしていたマミからは、「せっかくだから、みんなで来月、集まろう！」という誘いが届いた。

【図12‐1　オシャレなレストランで料理の写真を撮るアイ達】

　そういえば、ミホやマミと会ったのはいつだっただろうか……。久しぶりの再会に嬉しさを感じると同時に、少しだけ気合いも入る。そもそもミホやマミは高校時代から目立つ存在だった。アイは偶然2人と仲良くなったが、彼女達に憧れていた同級生も多かったのではないだろうか？　実際、アイもちょっとした憧れを抱いていたように思う。彼女達が持っていたラグジュアリーブランドの財布を真似して、父のヒロシにねだったのも、今では懐かしい思い出だ。一方、ミホやマミは、あまりオシャレでない地味ないくつかのグループを毛嫌いしていた。アイは、ミホやマミと仲良くし、そういったグループとは距離をとるように高校生活を過ごしていた。そんなことを思い出していると、マミやミホとの再会に向け、ふつふつと気合いが入ってくる。チームリーダーになって仕事も順調だし、彼と旅行にもでかけプライベートだって十分楽しんでいる。彼女達に見下されることだけは、したくない。

　帰り途中、銀座に買い物に立ち寄ると、偶然、一着の洋服が目に留まった。そういえば、このブランドは以前、ミホからおすすめされたブランドだ。自分の好みとは少し違うけれども、ミホやマミが好きそうなテイストである。少し悩みつつも、思い切って購入してみた。

　どこのお店で集まるかを相談していると、マミが表参道に最近できたレストランを提案してくれた。マミは、昔からこの手の情報に詳しい。ミホも流行に敏感だけど、マミのレストラン情報には一目を置いているようだ。スマホで食べログを調べてみると、出てくるクチコミはかなりの高評価。来店客もオシャレな人が多そうで

第12章

ある。改めて気合いが入ったアイは、ネットで評判のネイルサロンを予約した。

　当日、レストランに集合してみると、期待を裏切らないお店である。出てくる料理の一つひとつは、おいしいだけでなく、かなり見た目もキレイ。思わずスマホを取り出し、写真を撮ってInstagramにアップする。久しぶりの再会ではあったものの、集まれば話は尽きない。それにしても、ミホの情報通ぶりにはいつも驚かされる。ファッション、美容、旅行など、いつでも最新のトレンドを押さえている。彼女達には敵わないと感じるアイなのであった。

3　準拠集団

　私たちは他者から大きな影響を受けながら消費者行動を行っている。ショートストーリーでは、アイが友人であるミホやマミに強い影響を受けている様子が見て取れる。消費者行動の分野においては、こうした他者からの影響を準拠集団という道具を用いて説明する。準拠集団とは、「その人の評価、願望、行動に重要な影響を与える実在または想像上の個人または集団」のことである。準拠集団が消費者に与える影響には、「情報的影響」「功利的影響」「価値表出的影響」の３つが想定されている（第８章の発信源効果も参照）。

準拠集団の３つの影響

　まず、情報的影響である。アイは、ミホやマミからさまざまな情報を受け取っている。こうした準拠集団からの情報の獲得を情報的影響と呼ぶ。私たちの日頃の行動に目を向けてみても、周囲の人々からモノやサービスに関する情報を獲得することは多い。友人からセールの情報を聞くこともあるだろうし、新商品の使い方を教えてもらうこともあるだろう。また、友人たちの洋服や持ち物を見て流行を知るように、観察によって情報を得ることもある。近年では、InstagramやTwitterなどを通し、知人や著名人からリアルタイムに多くの情報を取得できるようになった。準拠集団の情報的影響は、ますます強くなっているだろう。

　次に功利的影響である。消費者は、他者からの期待や評価を意識することで、他者の好みに影響されることがある。アイがマミやミホからの評価を気にしながら洋服を購入したのは、功利的影響の一例である。私たちの身の回りにおいても、他者

の期待を考慮した行動は珍しいことではない。たとえば、レストランに行った際に、同席者が頼んだメニューを見てから、自分が頼むメニューを決めたことはないだろうか。その際には相手の期待を考慮するはずである。もし同席者から以前にそのメニューのおいしさを聞いていたのであれば、同じメニューを頼むほうが期待に応えることになるだろうし、同席者が他者と同じ行動をとることを好まない場合には、異なるメニューを頼むほうが期待に応えることになるだろう。同じ功利的影響であっても、他者の期待によって、異なる行動が導かれるのである。功利的影響は、他者からの期待に応えることで好ましい結果が得られたり、他者からの期待に反することで好ましくない結果に結びついたりする際に大きくなる。アイは、マミやミホの好みに合わせた洋服を着ることで、彼女達から見下されるという好ましくない結果を回避しているのである。

　最後に、価値表出的影響である。これは、ある集団の価値観に自己の価値観を同一化するような影響である。しばしば私たちは、特定の集団と類似した行動をとることで、自らのイメージをその集団に結びつける。たとえば、スターバックスにパソコンを持ち込んで仕事をしている人に対し、「仕事ができる」イメージを持っているのであれば、自分もそうすることで、自らの「仕事ができる」イメージを強化しようとするかもしれない。高校時代のアイが、ミホやマミを真似してラグジュアリーブランドの財布を手に入れようとしたのは、彼女達の価値観やイメージと、自己の価値観やイメージを一致させ、心理的な結びつきを感じようという価値表出的影響の表れと考えられる。

準拠集団の種類

　準拠集団にはいくつかの分類が提示されている。最も基本的な準拠集団は、自らの知人によって構成される所属集団である。所属集団には、大学のゼミやサークル、会社の同僚、家族など身の回りの人々が含まれる。高校時代のアイにとって、ミホとマミは所属集団として捉えられる。

　自らが所属していない集団からも、消費者は影響を受ける。消費者が憧れを抱くような集団のことを、願望集団と呼ぶ。高校時代に目立つ存在だったミホとマミは、同級生たちの願望集団として、影響を与えていた可能性がある。私たちの日々の生活を振り返ってみても、スポーツ選手や著名人など、自らが所属しているわけではない憧れの集団から大きな影響を受けることもあるだろう。

　集団の中には自らが距離を置きたい拒否集団も存在する。ミホやマミが毛嫌いしていたグループは、アイにとっての拒否集団である。ひとたび、拒否集団が形成されると、消費者はその集団のメンバーとは異なる行動をとろうとする。アイは、実は弟のショウタに軽い拒否反応を示している。オタクという自らの拒否集団から距離を置こうという心理の表れとして捉えることができる。一方、ショウタも、陽キャのアイを拒否集団として捉えているのかもしれない。

◆ 準拠集団と製品カテゴリー

　準拠集団の影響は、製品カテゴリーによって異なる。たとえば、あるカテゴリーのモノを購入するか否かという決定の場合、必需品では準拠集団の影響は小さいが、贅沢品では準拠集団の影響が大きくなる。ネイルサロンは、贅沢品に近いと考えられ、マミやミホといった準拠集団を意識することで、アイの購入決定が促された可能性が高い。その一方、ブランド選択においては、私的な製品カテゴリーよりも公的な製品カテゴリーにおいて準拠集団の影響が大きくなる。ここでいう「私的」と

【図12-2　準拠集団と製品カテゴリー】

ブランド選択への影響

		強い	弱い
		公的なカテゴリー	私的なカテゴリー
贅沢品		公的なぜいたく品 •宝飾品 •ヨット 準拠集団の影響 カテゴリー採択：強 ブランド選択：強	私的なぜいたく品 •高級オーディオ •ワインセラー 準拠集団の影響 カテゴリー採択：強 ブランド選択：弱
必需品		公的な必需品 •洋服 •バッグ 準拠集団の影響 カテゴリー採択：弱 ブランド選択：強	私的な必需品 •電球 •毛布 準拠集団の影響 カテゴリー採択：弱 ブランド選択：弱

（左側縦書き：強い←カテゴリー採択への影響→弱い）

出所：Bearden, W. O. and Etzel, M. J. (1982), "Reference Group Influence on Product and Brand Purchase Decisions," *Journal of Consumer Research*, 9 (Sept.), p. 185を一部修正

は人目に触れにくいことを指し、「公的」とは人目に触れやすいことを指す。公的
な製品カテゴリーであるファッションの購入において、アイがミホやマミという準
拠集団を念頭にブランドを選択したのも不思議ではないだろう（**図12-2**）。

4　オピニオン・リーダー

 ## オピニオン・リーダーとは

　自分に影響を与えている人々を思い浮かべてみてほしい。その中には、特に強い
影響を与える人が存在するのではないだろうか？　冒頭のケースでは、アイとミホ
は、マミがレストランなどに関する情報に詳しいことを認識しており、彼女の意見
を頼りにしている。私たちも、洋服を買う際には○○さんに相談し、旅行の行先を
考える際には△△さんに相談し、家電を購入する際には××さんに相談するといっ
た行動をとることがあるだろう。こうした「他人の態度や行動に頻繁に影響を与え
られる人物」は、オピニオン・リーダーと呼ばれる。一般的に、オピニオン・リー
ダーは、特定の分野に関する情報を収集し、豊富な知識を有している。また、いち
早く新製品を購入し、他者にその情報を伝える役割を果たすことも多い。

　オピニオン・リーダーの存在は、企業やマスメディアが発信した情報が、直接的
に消費者に届くわけではないことを示している。ショートストーリーにおける「表
参道に新しくできたレストラン」情報は、マミを経由してアイやミホに届いている。
このように、情報がオピニオン・リーダーなどを経由して他の消費者に届くことを
説明した考え方は、「コミュニケーションの2段階流れ仮説」と呼ばれる。オピニ
オン・リーダーによって情報が届けられた消費者はフォロワーと呼ばれており、企
業から直接届けられた情報よりもオピニオン・リーダーを通じて届けられた情報に
強く影響される。

　オピニオン・リーダーを特定し、彼らを活用できれば、効果的なマーケティング
を展開できる可能性が高い。**図12-3**は、消費者に自らを評価させることで、オ
ピニオン・リーダー度を測定する尺度（質問）である。空欄部分には、特定の製品
カテゴリーがあてはめられる。この方法では自己評価をさせるため、必ずしも正確
な判断を下せるわけではないが、オピニオン・リーダーを検討する際の参考になる

【図12‐3　オピニオン・リーダー尺度】

あなたが友人や隣人と＿＿＿＿について与え合う影響に関連して、自分自身に最も当てはまるものを選んでください

1．一般に、あなたは＿＿＿＿について友人や隣人と話しますか？

頻繁に話す　5　4　3　2　1　全く話さない

2．あなたが友人や隣人と＿＿＿＿について話すとき、あなたは：

詳細な情報を与える　5　4　3　2　1　ほとんど情報を与えない

3．過去6か月間に、あなたは新しい＿＿＿＿について、何人の人と話しましたか？

たくさんの人に話した　5　4　3　2　1　誰にも話していない

4．自分の友人たちと比べ、新しい＿＿＿＿について、あなたはどれくらい質問されると思いますか？

質問される可能性が
かなり高い　　　　　5　4　3　2　1　質問される可能性が
　　　　　　　　　　　　　　　　　　まったくない

5．新しい＿＿＿＿について議論するときに次のどれが最も起こる可能性が高いですか？

あなたが友人たちに話す　5　4　3　2　1　友人があなたに話す

6．全体的に、あなたの友人や隣人との会話のすべてにおいて、あなたは：

アドバイス源として頻繁
に利用される　　　　　5　4　3　2　1　アドバイス源として
　　　　　　　　　　　　　　　　　　　利用されない

出所：マイケル・R・ソロモン（2015）『ソロモン　消費者行動論』丸善出版、図11.2を
　　　一部修正

はずである。皆さんも、一度答えてみよう。

　近年のソーシャル・メディアの発達により、インターネット上のオピニオン・リーダーにも注目が集まっている。特に、InstagramやTwitterなどにおいては、インフルエンサーとも呼ばれる。ソーシャル・メディアでは、消費者間のつながりや情報のやり取りが可視化されやすく、オピニオン・リーダーが特定されやすい。一部の企業では、ソーシャル・メディア上のオピニオン・リーダーを新製品発表会などに招き、情報発信してもらうことで、波及効果を狙う取り組みなども進められている。

◆ オピニオン・リーダーと関連概念

　特定の製品カテゴリーに関する知識が豊富なオピニオン・リーダーに対し、しば

【図12 - 4　ロジャーズのイノベーションの普及理論】

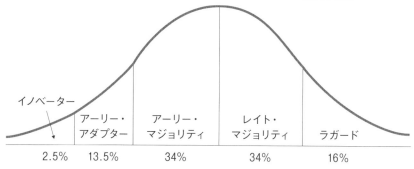

イノベーター	アーリー・アダプター	アーリー・マジョリティ	レイト・マジョリティ	ラガード
2.5%	13.5%	34%	34%	16%

出所：エベレット・ロジャーズ（2007）『イノベーションの普及』翔泳社、p. 229を一部修正

しばカテゴリーに限定されることなく、幅広く流行や新製品に詳しい消費者も存在する。こうした「複数の製品カテゴリー、小売店などについて熟知し、話を自ら主導すると同時に、人から情報源として頼りにされている消費者」のことを「目利き」と呼ぶ。目利きは、モノの特徴、価格、販売場所などについて、幅広い知識を有しているが、必ずしもすべてのモノを購入しているわけではない。そのため、特定カテゴリーにおける影響力はオピニオン・リーダーに比べて見劣りしてしまう。しかしながら、さまざまな知識を他の消費者に提供し、手助けすることを楽しむため、目利きは、より幅広い消費者に情報を伝達する役割を有するといわれている。オピニオン・リーダーと目利きの特性を兼ね備える消費者もいるが、両者は基本的には異なる。レストラン情報に詳しいマミがオピニオン・リーダーとして捉えられるのに対して、ありとあらゆる情報を知っているミホは目利きである可能性が高い。

　オピニオン・リーダーや目利きのように他者に影響を与える先端層を検討する上では、エベレット・ロジャーズのイノベーションの普及理論が役に立つ。ロジャースは、革新的なイノベーションを消費者が採用するタイミングに注目し、消費者を5つのグループに分類した（**図12 - 4**参照）。最も早くイノベーションを採用するグループはイノベーターと呼ばれ、全消費者の2.5％を占める。イノベーターの次は、全体の13.5％を占めるアーリー・アダプターがイノベーションを採用する。その後は、平均よりは早く採用するアーリー・マジョリティ（34％）、新しいものに懐疑的なレイト・マジョリティ（34％）、一番遅れて採用するラガード（16％）と続いていく。注意すべきは、最も早くイノベーションを採用するイノベーターよりも、アーリー・アダプターにおいて、オピニオン・リーダーが多い点である。極

第12章

Column12 - 1

ティッピング・ポイント

『The Tipping Point（邦題：急に売れ始めるにはワケがある）』は『ワシントン・ポスト』紙などで活躍したジャーナリスト、マルコム・グラッドウェルによる著作である。2000年に発売された同書は、アメリカで200万部を突破するなど、ビジネス書としては大ベストセラーとなった。

書名ともなっているティッピング・ポイントは、「あるアイディアや流行もしくは社会的行動が、敷居を越えて一気に流れだし、野火のように広がる劇的瞬間のこと」である。同書の中では、ハッシュパピーというシューズブランドが取り上げられ、「そこ」を過ぎると一気にブームへと結びつくティッピング・ポイントの存在が主張されている。ハッシュパピーは、1994年までは長らく低迷していたが、1995年頃から爆発的に売れ始める。ハッシュパピーのブームは、「誰も履いていない」ことを理由に一部の若者が履き始めたことがきっかけである。それがデザイナーの目に留まり、大きなブームに結びついていく。

ティッピング・ポイントを越えると、ウィルスに感染していくように、アイディアやブランドが爆発的に広がっていく。また、最終的に大きな結果がもたらされるとしても、最初は小さな変化から始まることも特徴である。そのため、ティッピング・ポイントを越えると、急激な変化が生み出される。

グラッドウェルは、ティッピング・ポイントを作り出す原則にも触れている。第1の原則は、「少数者の原則」である。ティッピング・ポイントを越えて生まれるような爆発的な広がりには、一部の特別な消費者が大きな役割を果たすという。第2の原則は、「粘りの要素」であり、ティッピング・ポイントを作り出すためには、記憶に残りやすいメッセージを創出する必要があることを意味している。第3の原則は、「背景の力」であり、消費者が置かれた環境が爆発的な広がりを生みだす要因となることが指摘されている。

めて新奇性が高いモノでも採用するイノベーターは、しばしば周囲の人々から「変わり者」とみなされてしまうが、適度に新奇性の高いモノを採用するアーリー・アダプターは、「流行に敏感」とみなされることが多いからである。

5 クチコミ

「個人が他の個人に向けて発する企業情報や製品情報のこと」をクチコミと呼ぶ。従来は口頭での情報伝達が想定されていたが、近年では、メッセージや写真などの情報発信も含めてクチコミとして捉えられる。また、知人間での情報のやり取りだけでなく、インターネットなどを通じた不特定多数との情報のやり取りもクチコミの重要な一側面となっている。たとえば、アイがレストランやネイルサロンを調べた際に見つけたインターネット上のクチコミは、その後の行動に一定の影響を与えたはずである。ソーシャル・メディアの普及により、クチコミ情報の発信も、私たちに身近なものとなってきている。アイのように、自分が食べたものや訪れた場所の感想や写真を友人や知人と共有する人も多いだろう。

◈ 消費者のクチコミ動機

消費者がクチコミを参考にしようとする理由は、3つに整理できる。まず、①知識、能力、正確な情報の不足による事前の商品判断の難しさである。アイは、クチコミを参考にネイルサロンを予約したが、サービスは、事前の品質判断が難しいといわれている。次に、②商品選択における各種リスクの高さである。ネイルサロンは、自らの体の一部を用いた自己表現であるため、失敗した際のリスクも高いだろう。最後に、③十分な検討を進めることの難しさである。さまざまな情報が溢れているインターネット上では、すべてのネイルサロンを丹念に検討することは難しい。こうした状況下においては、消費者はクチコミを参考にしようとするのである。

一方で、クチコミを発信する側の動機については、3点挙げられる。まず、①他者の役に立ちたいという利他的な動機である。アイがレストランの写真をソーシャル・メディアに投稿し、他の消費者にクチコミを発信した背景には、「他の友人たちの参考にしてほしい」という思いがあったのかもしれない。次に、②自己表現のための動機がある。アイは、「オシャレなレストランで、オシャレに食事をする自分を見せたい」という自己表現を求めていた可能性もある。最後に、③クチコミ自体を楽しもうという動機がある。アイは、「オシャレなレストランについて語り合うことを楽しみたい」と考えた面もあるだろう。

第12章

クチコミの影響力

　クチコミの影響力も把握されてきている。クチコミは、購買を促そうとする企業の意図がないため、通常、広告などと比べて説得力が高い。また、購買前にクチコミから情報を得ている消費者も多い。「レジャー・旅行」や「飲食店・レストラン」の決定においては、半数以上の消費者がクチコミを参考にしているという。アイが発信した情報も、他の友人のレストラン選択に影響を与えるかもしれない。

　クチコミの影響力は、誰によって語られたかによっても左右される。一般的に、専門性と類似性が高い場合、クチコミの影響力は高まる。情報発信者の知識や経験による専門性は、オピニオン・リーダーが影響力を有する理由とも共通する。もう一方の類似性は、情報発信者との共通点を表している。アイがマミやミホの発言に影響されやすい背景には、年齢や出身校といった複数の共通点によって生み出される類似性の高さがあるのかもしれない（第8章の発信源効果で考えると、専門性は信憑性を高め、類似性は魅力を高めるだろう）。

　ネガティブな内容のクチコミのほうがポジティブな内容のクチコミよりも影響力が大きいことも忘れてはならない。不満足な顧客は、満足した顧客の2倍の人に話すという。たとえば、コカ・コーラ社の苦情への対応に満足した顧客は4〜5人に話す一方、不満足な顧客は9〜10人に話す。また、受け手側の消費者も悪いクチコミを重視する傾向がある。その背景には、語られることの少ない悪いクチコミに情報的価値を見出す消費者の心理や、負の情報を重視しやすいという人間としての特性がある。アイは食事中、ミホからさまざまな情報を得ているが、良い情報は忘れ去られてしまいやすく、悪い情報ほど記憶に残りやすい。マーケターは、自社商品のネガティブなクチコミ発生の防止には注意しなくてはならない。

クチコミとマーケティング手法

　InstagramやTwitter、LINEなど、ソーシャル・メディアの発達により、クチコミの影響力は、以前にも増して強くなっている。ソーシャル・メディア内では、参加メンバーが相互に結びつき、ソーシャル・ネットワークを構成している。こうしたネットワークで語られるクチコミを引き起こすことができれば、有効なマーケティングが展開できる。

Column12 - 2

アットコスメ

　月間ページビュー数３億1,000万、ユニークユーザー数月間1,600万人、クチコミ総数1,400万件。この数字は、アイ・スタイルが運営する美容系総合ポータルサイト@cosme（アットコスメ）のものである。同サイトには、国内で販売されている、ほとんどの化粧品についての製品情報とクチコミが掲載されている。1999年12月に開設されて以来、企業目線の情報ではなく、消費者目線のクチコミを集めることで、アットコスメは多くの女性からの支持を集めてきた。最近では、20代から30代を中心に、アットコスメを見てから化粧品を買う女性が増えているという。

　女性からの絶大な人気を背景に、アットコスメは消費者行動に大きな影響を与えるようになっている。たとえば、100円ショップの化粧品の中には、アットコスメでの高評価によって、大きな売り上げを獲得したものもある。また、ニベアのハンドクリームが米国の高級化粧品「ドゥ・ラメール」の成分と似ていると話題になり、多くの女性が顔に塗るようになったという。

　アットコスメ開設時には、ネガティブなコメントなどによってサイトが荒れてしまう可能性が懸念されていた。そこで、アットコスメは、正当な評価としての否定的なコメントは掲載する一方で、他者を中傷するようなコメントは受け付けないようにしたという。こうしたルールを厳格に適用することで、イメージを重視する化粧品メーカーからの協力を取り付けることに成功し、今では、ほとんどの化粧品メーカーがアットコスメ上に広告を出稿している。

　アットコスメを運営するアイ・スタイルは、クチコミで集めた情報を武器にサイト運営以外の事業も展開している。アットコスメに集まったクチコミを分析し、企業に販売するビジネスはその一例である。同ビジネスでは、クチコミを投稿した消費者の製品使用履歴や、クチコミに登場するキーワードを用いた分析などが可能である。こうした展開は、消費者への影響力にとどまらないビジネス上のクチコミの価値を示しているだろう。

第12章

　バイラル・マーケティングは、インターネットやソーシャル・メディアを利用して、モノに関連する情報をクチコミで広めてもらうマーケティング手法である。バイラルとは感染を意味しており、ウィルスのような爆発的な情報の拡散がイメージされている。バイラル・マーケティングを実現するため、近年では多くの企業が

ネット上でエンターテインメント性の高いコンテンツを用意し、消費者間でのクチコミを促している。

　意識的にクチコミを引き起こそうという点では、ゲリラ・マーケティングとも共通している。通常ではない手段や場所を使ってモノやブランドをアピールし、消費者のクチコミを誘発しようというものである。通行人が突然、パフォーマンスを始めるフラッシュモブは、ゲリラ・マーケティングの典型である。こうした取り組みにより、企業は、広告では捉えることの難しい消費者層へのアプローチを目指している。

6 おわりに

　この章では、アイの女子高時代の友人関係を取り上げることで、他者と消費者行動の関係について学んできた。私たち消費者に影響を及ぼす他者は幅広い。自らが所属していない集団のメンバーが行動を左右することもあるし、出会ったこともないインターネット上の他者の意見によって購買意思決定が変えられることもある。消費者は、こうした多様な他者から、さまざまな影響を受けているのである。

　近年のソーシャル・メディアの発達により、この章で学んだ準拠集団、オピニオン・リーダー、クチコミといった考え方は、今後ますます多くの企業にとって見過ごせないものとなってくるだろう。他者による消費行動への影響を捉えることは、企業がマーケティング戦略を立案する上でも、消費者が自らの行動を把握する上でも大きな手掛かりとなるはずである。

? 考えてみよう

① 　身近な事例から準拠集団の3つの影響について考えてみよう。

② 　Column5－2で取り上げた認知的不協和理論を用いて、クチコミを発言することによる態度への影響を考えてみよう。

③ 　ソーシャル・メディアの発達した近年の市場において、オピニオン・リーダーを活用した効果的なプロモーションの方法とその問題点について考えてみよう。

参考文献

エマニュエル・ローゼン（濱岡　豊（訳））『クチコミはこうしてつくられる：おも
　しろさが伝染するバズ・マーケティング』日本経済新聞社、2002年。

濱岡　豊、里村卓也『消費者間の相互作用についての基礎研究：クチコミ、eクチ
　コミを中心に』慶応義塾大学出版会、2009年。

宮田加久子、池田謙一（編）、金　宰輝、繁桝江里、小林哲郎『ネットが変える消費
　者行動：クチコミの影響力の実証分析』NTT出版、2008年。

次に読んで欲しい本

☆オピニオン・リーダーやクチコミの影響をわかりやすく学ぶには……。

山本　晶『キーパーソン・マーケティング：なぜ、あの人のクチコミは影響力があ
　るのか』東洋経済新報社、2014年。

☆Column12‐1のティッピング・ポイントを詳しく学ぶには……。

マルコム・グラッドウェル（高橋　啓（訳））『急に売れ始めるにはワケがある』ソ
　フトバンク文庫、2007年。

第12章

第 **13** 章

ステイタス
——なぜモノが集団のシンボルになるのか?

第1章
第2章
第3章
第4章
第5章
第6章
第7章
第8章
第9章
第10章
第11章
第12章
第13章
第14章
第15章

1　はじめに

　見ず知らずの他人であっても、その持ち物によって、収入や職業やライフスタイルが想像できることはあるだろう。これは、第10章で学んだように、消費のあり方は、その人の自己表現の１つだからである。

　だが、この自己表現は、必ずしも個人レベルで、本人の欲求のみに応じて、なされるというわけではない。たとえば、就職活動中の大学生は、誰もがダークな色のスーツに白色のシャツ、そして飾りのない黒色のバッグや靴を身に着けている。中には、こうした服装を本心では好まない者もいるだろう。だが、ファッション企業の面接などを除き、就職活動では個性の発揮よりも、社会人としてふさわしい服装を身に着け、周囲の期待に応えることができる人間であることを強調したほうが良いのである。世間では、個人レベルよりも集団レベルで、持ち物、さらには髪型やメイク、立ち居振る舞いなどを合わせつつ、許容範囲内で個性のわずかな差異を発揮することが求められているからだ。

　この章では、集団内での規範とその中での個性の発揮や、集団間での競争意識など、社会集団というレベルに注目する。具体的には、モノは、その人の所属する階級やその人の出自を示すシンボルであり、階級を移動したり、同じ階級の仲間だと確認し合ったりする際の手段にもなり、さらに集団のシンボルはモノにとどまらず、マナーや立ち居振る舞いにも現れるということを、学んでいく。

2　ママ友仲間が国民的美魔女⁉

　母のユミコの友人であるヨウコが、光文社の美容雑誌『美ST』の「国民的美魔女コンテスト」のファイナリストに残ったという。ヨウコは、娘のアイの幼稚園時代のママ友の１人だ。そこで、ファイナリストの話を聞きつけたママ友同士で、壮行会をしたいという話をしたところ、ヨウコが自宅に招いてくれた。ユミコは手土産のお菓子と、友人一同でヨウコに贈る花を用意することになった。

　手土産は、「デルレイ」のダイヤモンド型のチョコレートに決定した。花は青山の「ニコライ・バーグマン」で、深紅色や薄紫色を効かせた個性的な色使いのブー

ケを用意した。ユミコの脳裏には、ホームパーティーの様子も、ヨウコの私生活としてコンテストで紹介されるかもしれないという思いがよぎった。美魔女コンテストでは、外見のみならず、内面やライフスタイルのステキさも問われるからだ。ファイナリストはInstagramに日常生活を書き綴り、それを見た一般読者からの投票数もコンテストの結果を左右するのだ。ヨウコの助けになるためには、センスよく、気の利いた贈り物でなくてはならない。自分だけが浮いた贈り物をしてはいけないのだ。

　当日、ヨウコは犬を抱いて出迎えてくれた。「ビション・フリーゼ」という珍しい犬種で、1年以上待って、数か月前にようやく飼うことができたらしい。玄関には、ママ友たちが履いてきた「フェンディ」「マロノブラニク」「ジミーチュウ」のパンプスが並んでいた。リビングへ行くと、天井まである窓から、やわらかな光がそそぎ、暖炉とサンルーフのおかげで、冬なのに部屋の中は暖かい。テーブルには、皆が持ち寄った手土産が並んでいる。メインは、料理教室で習ったばかりだというヨウコお手製のハトのロースト。「バカラ」のグラスで乾杯した。美味しい料理に囲まれて、子供の学校や塾、新しくオープンしたレストラン、愛用のコスメについて教えあったりしていると、あっという間に3時間が経っていた。会の最後には、ヨウコがドイツ大使館員である夫との間に授かった一人息子で、小学校からインターナショナル・スクールに通ったカイが、ドイツ語で「野ばら」と、英語で「Let It Go」を歌った。ステキな家と、家族と、友人に囲まれて、キラキラしてい

【図13 - 1　ステイタス・シンボルがいっぱいのホームパーティー】

る良妻賢母のヨウコ。これらの様子をInstagramで伝え、本番ではブーケの一部を
コサージュにして手首に巻けば、ヨウコがコンテストで勝ち抜く要素は揃った。誰
もがそう思った……。

3 見せびらかしの消費

　ステイタスとは、社会的地位のことである。集団内でその人の位置を示したり、
集団外に向かってその人が特定の集団に所属することを示したりする手段は、社会
的地位を象徴するため、ステイタス・シンボルと呼ばれる。

 ## 顕示的消費

　ソースティン・ヴェブレン（19世紀から20世紀にかけてアメリカで活躍した経
済学者・社会学者）は、原始社会から産業社会へと社会が発展するにつれて、この
ステイタス・シンボルが変化したことを次のように述べた。かつての原始的な社会
では、男性にとって、敵対する集団との戦争で活躍し、敵の首や宝物を奪ってくる
ことが重要であった。この場合、ステイタス・シンボルは略奪品である。だが、平
和が訪れると、人々は働き始め、略奪品ではなく畑を耕して得た農作物などにより、
生活するようになった。しかし中には、必死に働かなくてもよいほど裕福な人たち
がいた。閑な時間がある「有閑階級」と呼ばれる彼らは、自らの財力と名声をア
ピールするために、家具やクルマや調度品、服や靴を高級品で揃え、これらをステ
イタス・シンボルとしたのである。

　ヴェブレンは、有閑階級が他人に嫉妬心を抱かせるほど、時間をもてあましたり、
高価な商品を使ったりすることを、それぞれ「顕示的閑暇」「顕示的消費」と呼ん
だ。「顕示的」とは、見せびらかしという意味である。

　興味深いことに、この見せびらかしは、主人よりもむしろ、その妻や使用人が行
うという。妻はホームパーティーを開催して友人・知人をもてなしつつ、主人の自
慢をする。使用人は、「うちの主人は金持ちなので使用人を多く雇っており、1人
あたりの労働が少ない」とぼやく。彼らは、主人に代わって、その富と名声を見せ
びらかしているのだ。これらの行為はそれぞれ「代行的消費」「代行的閑暇」と呼
ばれる。この場合、自分と同じ集団に所属する相手に見せびらかしている点に注意

Column13 - 1

消費の外部効果

　縦軸に価格、横軸に需要をとると、ふつうは価格が低いほど需要が増えるため、消費者の需要曲線は右下がりになる。これを価格効果という。だが、この章で取り上げた見せびらかしの消費のように、消費者は必ずしも個別に需要を形成するのではなく、他者の影響を受けている場合がある。これを、消費の外部効果という。経済学者ハーヴェイ・ライベンシュタインは、その場合の需要曲線のタイプを３つに分けて、それぞれ①バンドワゴン効果、②スノッブ効果、③ヴェブレン効果と名付けた。

　①バンドワゴンとは、「パレードの先頭を行く音楽隊の乗った車」のことであり、そこからバンドワゴン効果とは、勢いのある側に便乗することを指す。すなわち、価格が同じならば、他者がその商品を消費していればいるほど自分も欲しくなり、消費する他者が少ないほど自分も欲しくなくなる、という場合である。

　次に、②スノッブ効果である。スノッブとは「気取り屋」の意味であり、それゆえスノッブ効果は、バンドワゴン効果と逆の働きをする。すなわち、価格が同じならば、他者がその商品を消費していればいるほど自分は欲しくなくなり、消費する他者が少ないほど自分は欲しくなる、という場合である。

　最後に、③ヴェブレン効果である。これは、この章で見たように、見せびらかしの消費の場合に働く。ヴェブレン効果は、需要が他者の消費ではなく、単に価格から影響を受ける点で、スノッブ効果とは異なる。ここで重要なのは、商品の実際の価格のみならず、他者はその商品をいくらだと思うのかという価格（見せびらかしの価格）も考慮に入れる点である。この２つを区別することで、実際の価格の場合の価格効果とは異なり、見せびらかしの価格の場合は、価格があまりに低くなると需要も少なくなると説明される。つまり、途中から需要曲線が左下がりになるということである。

　多くの商品は右下がりの需要曲線であるため、企業は生産コストやマーケティングコストを下げて値下げをし、生産量や販売量を増やそうとする。だが、上記の効果が働く場合は、「売れています」「月間売上１位」というPOPをつけたり、「数量限定発売」など生産に制限をかけたり、あえて値下げせず定価販売にこだわったりするという工夫が必要だ。

が必要である。敵対集団相手ではなく、同じ集団内でライバル視する相手（同じ幼稚園のママ友や、同じ職業の仲間など）と、競争しているわけだ。

財力のある男性は、年をとりすぎたり、外見には恵まれていないにもかかわらず、若い美人と結婚していることがある。この主人にとっては妻そのものが、自身の財力と名声を示すステイタス・シンボルになっているのだ。この場合の妻は、「人生の勝者に与えられるご褒美としての妻」という意味で、「トロフィー・ワイフ」と呼ばれる。ただし近年、これは神話に過ぎないことが明らかにされている。先行研究によれば、実際は、男女ともに、財力や外見が自分と同程度の人と結婚している場合が多い。さらに、財力のある男性は体型や持ち物に気を配ることから外見も良い（それゆえステキな人と結婚できた）ことも、これまでの研究で明らかにされている。

◈　ディドロ効果

　ステイタス・シンボルは１つでなくともよい。複数のモノが組み合わさると、それらに象徴されるイメージはより明確になる。複数のモノを組み合わせる際に、それらが喚起するイメージやシンボルがより一貫したものになるよう私たちに働きかける見えない力は、「ディドロ効果」と呼ばれる。**表13－1**を見てほしい。調査会社マクロミルの調査によると、家具・インテリアショップとして、「ニトリ」を好む人は、プラスチックでできた「象印マホービン」の電気ポットを好むという。もしこれが、「イケア」を好む人の家にあったら、多少の違和感を覚える人もいるかもしれない。

　なぜならイケアの商品が多い家には、直火にかけるステンレス製の「アレッシィ」のケトルのほうが、お似合いに見えるからである。もちろん、両方の家とも、南部

【表13－1　ニトリとイケアのユーザーが好むブランド】

	ニトリのユーザー	イケアのユーザー
キッチン用品	たち吉、ティファール、象印マホービン、ナルミ	イケア、イッタラ、アラビア、アレッシィ
ファッション	ユニクロ、アディダス、ナイキ、GU、しまむら	ユニクロ、ポロ・ラルフローレン、アースミュージックアンドエコロジー、ザラ

出所：マクロミル（2013）「ブランドデータバンクの基本機能で見るニトリユーザーとイケアユーザーの違い」をもとに著者作成

鉄瓶は似合わないように見える。もしニトリやイケアの商品とともに南部鉄瓶があったら、商品の組み合わせによるイメージやシンボルに一貫性が見られず、どのようなライフスタイルの持ち主なのかも、あいまいになってしまうだろう。よって、ニトリのユーザーは象印マホービンを、イケアのユーザーはアレッシィを、揃えたほうが良いと思うようになるのだ。こう思わせてしまう力が、ディドロ効果である。

4 トリクル・ダウン理論

 トリクル・ダウン理論

　見せびらかしの消費は、世の中において、見せびらかす人とそれを見て羨ましがる人が存在することを前提としている。社会集団間での見せびらかしというレベルでこれを考えてみると、見せびらかす集団と見せびらかされる集団のわかりやすい例は、上流階級と下流階級だろう。ゲオルク・ジンメル（19世紀から20世紀にかけてドイツで活躍した社会学者）は、流行が生まれては消え、別の流行が生まれることについて、この両者の視線のやりとり、すなわち非言語コミュニケーションによって説明した。

　それによると、私たちは、「より上流の階級に近づきたい、上流階級になりたい」という欲求と、「より下流の階級と一緒にされたくない、下流階級から自分を切り離したい」という欲求の両方を持つという。これを「両価説」と呼ぶ。両方の欲求を持つから、上流階級で何かが流行しているのを知った下の階級の者は、それを取り入れて上流階級に同質化しようとする。こうして上流階級で生じた流行が下流階級にまで拡がる。一方、下流階級から自分を差別化したいという上流階級は、その流行を捨て去り、新たな流行を採用していく。このように、流行は上流階級から下流階級に向かって、しずくがしたたり落ちるように伝播するという。

　流行のメカニズムに関するこの説明は、20世紀初頭にジンメルにより主張され、「トリクル・ダウン理論（滴下理論）」と名付けられた。図13-2では、スカートについての架空の流行例を示している。まず白いミニスカートが上流階級で流行すると、それに下流階級が同質化する。それを嫌がる上流階級は、今度は青いミニスカートをはくようになる。しかし同じように下流階級が真似をするので、上流階級

【図13‐2　トリクル・ダウン理論に基づいたスカートの流行例】

は青いロングスカートをはくようになるのである。

　トリクル・ダウン理論は、両価説により、上流階級から下流階級へと流行が伝播するのを説明しただけではない。流行の内容や対象が、あるものごとから別のものごとへと絶えず移り変わり、流行の変化が決してなくならないということを説明した点でも巧みである。これを「流行の自己永続性」という。

トリクル・ダウン理論への反論

　その後、1960年代以降、実際に発生した流行についての調査に基づいて、トリクル・ダウン理論では説明できない流行があるという指摘がなされた。あるいは、かつてほどの階級社会ではない現代では、上流階級・下流階級という区分よりも、他の集団区分を考えるほうが良いという指摘が相次いだ。

　たとえば、アメリカのボストンで婦人用の帽子が流行した例では、人衆の中で複数の集団において、同時に流行したことが確認された。これは、集団横断的な流行だということで、「トリクル・アクロス」だと指摘された。

　また、同じくアメリカでは、白人がアフリカ系アメリカ人の音楽やダンスを受け入れたケースや、ホワイトカラーの人たちがブルーカラーの人たちの間で流行しているスポーツやカジュアルな服装を取り入れたケース、さらには、中年層が若年層の髪型やひげをまねしたりしたケースもあった。これらは、トリクル・ダウンとは逆に、地位の低い人や少数派から、地位の高い人や多数派へと流行が伝播したケースであるため、「トリクル・アップ」だといわれた。

　このような反例があるため、トリクル・ダウン理論のように、上流階級と下流階級という社会的地位に基づく集団区分ではなく、性別、年齢、民族などの身分で集団を区分したほうが良いという主張がなされるようになった。それだけでなく、流行を取り入れる規模についても、ある集団の流行を全面的に採用するのではなく、そのうち一部だけを採用するという程度でも良いと、見直されるようになった。

Column13 - 2

ステイタス・シンボルとしてのクルマ

　2015年1月、同窓会に参加した女性による見栄張り競争を話題とするテレビ番組で、「軽自動車で妻を迎えに行ったところ、『恥ずかしい車で来ないで』と激怒された」という男性の話が紹介された。これについてタレントの千秋が、「(軽自動車なら)見えないところに来てほしい」「(ベンツだったら)目の前に乗り付けてほしい」と発言したことで、ネット上で炎上した(「J-CASTニュース」2015年1月20日)。

　クルマは今でも、ステイタス・シンボルの1つである。東京都世田谷区の中でも、成城や等々力などの高級住宅街を歩くと、車庫に高級車、特に外車があることが多い。運動や買い物に外出した際も、駐車場に日本車を停めるのは恥ずかしいくらいだ。特に、環状八号線沿いは、外車の「聖地」「銀座」と呼ばれるほど、高級車のディーラーが軒並み出店している。

　クルマ本体に加え、ナンバープレートに記された地域名も、ステイタス・シンボルの1つである。国土交通省は2005年に、知名度や地域への愛着心を増すために、比較的大きな都市や観光地には、その名前を冠したナンバーを認めるという、「ご当地ナンバー」の公募を開始した。その結果、「仙台」「倉敷」「富士山」などが導入された。人気が高いことから、2013年に第2期分の公募を受け付けた。世田谷では商工会議所や商店街などの要望を受け、区長が「世田谷」ナンバー導入を申請することにしたところ、反対する人々の間で反論や署名活動が起き、翌年に区長と区を提訴する事態となった。「地域がより特定されることでプライバシーが侵害される」などとともに、「ブランド力のある現行の『品川』ナンバーのほうが良い」というのが、反対の理由であった。結局、「世田谷」ナンバーは導入されたが、世田谷区民の中には、地元愛よりも「品川」のステイタスの高さを重視する人が一定数いたという事例である。

第13章

　以上のように、流行の伝播については、集団区分の方法や流行の規模について多少の違いはあるものの、次の内容が共通して主張されている。集団で流行が生じる理由は、流行の対象が、人の社会的地位や身分を示すステイタス・シンボルであり、それを取り入れることで地位や身分を示したいという動機が、私たちに働くからだという。

　たとえば、複数の業者が契約締結をかけて、取引先にプレゼンテーションをする

際、女性はスカートではなくパンツのスーツを着ることがある。服装とプレゼンの内容や水準は無関係である。だが女性は、男性のステイタス・シンボルを身に着けたほうが、仕事上の能力が高いという印象を取引先に与えられるのではないかと期待しているのだ。男女雇用機会均等法が施行された頃に婦人服ブランドでパンツスーツがヒットしたのも、同じ理由である。

5　文化資本

有閑階級・上流階級が持つ3つの資本

　有閑階級は働く必要がないため、閑があることは既に見た通りである。だが、だからといって彼らがその間に全く何もしないわけではない。実際には、その時間を使って、絵画やクラシック音楽を鑑賞したり、乗馬や華道を習ったりしているのだ。そもそも彼らは、高貴な家に生まれ育っているため、服にせよ、食事にせよ、絵画や花瓶にせよ、幼い頃から「良いもの」「美しいもの」に囲まれている。これらに囲まれて育つ中で、審美眼を養い、着こなしや食事のマナー、広くいえば教養を、高めていくのだ。

　さらに彼らは、上流階級の子女の通う学校に通うことが多いため、名家の子孫同士で人脈をつくる機会にも恵まれている。たとえばイギリスには、「イートン・カレッジ」という全寮制の男子校がある。カリキュラムは学問にとどまらず、ラグビーやボート、ゴルフといったスポーツ、音楽鑑賞さらにはプロの劇団員による演劇指導などの芸術を含む。生徒はこうして幅広い教養を修める。同時に、ジョンソン首相やウィリアム王子を輩出するなど超エリートのみが通う学校なので、同程度の家柄である人たちと友人になることができる。この同窓生ネットワークは、この学校へ入れる機会を与えてくれた先祖から受け継いだものであり、本人が将来、子孫に受け継いでいくものでもあるのだ。

　このように有閑階級や上流階級に属する人々は、富や金のみに恵まれているのではない。これらは「経済資本」と呼ばれる、資本の一種であるが、これに加えて、審美眼や教養という「文化資本」、および人脈という「社会関係資本」も、彼らは持っている。他方、ITバブル長者や、スラム出身のスター芸能人など、一代でにわ

【図13-3　資本の総量と構造から見た各職業の位置】

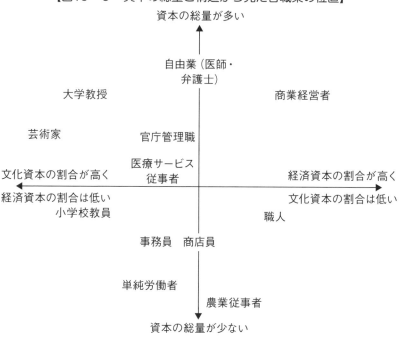

資本の総量が多い

自由業（医師・
弁護士）

大学教授　　　　　　　　　　　　　　商業経営者

芸術家　　　　　　官庁管理職

　　　　　　　　医療サービス
文化資本の割合が高く　従事者　　　　　　　経済資本の割合が高く
経済資本の割合は低い　　　　　　　　　　文化資本の割合は低い
　　　小学校教員　　　　　　　　　　職人

　　　　　　事務員　商店員

　　　　単純労働者

　　　　　　　　農業従事者

資本の総量が少ない

出所：ブルデュー（1989）をもとに著者作成

かに金持ちになった「成り上がり」は、有閑階級や上流階級と同程度の経済資本を持っているとしても、文化資本や社会関係資本は持っていないことが多い。

　階級は、単に経済資本の量のみで決まるのではない。ピエール・ブルデュー（20世紀フランスの社会学者）は、経済資本に、文化資本と社会関係資本を加えた「資本の総量」と、そのうち経済資本および文化資本の構成比という「資本の構造」に注目することで、階級をより正確に捉えられると考えた。そこで、1970年前後のフランスで、さまざまな職業の人々に、収入や所有しているモノ、趣味や好きな映画監督やクラシック音楽、学歴、父親の職業などを回答してもらった。そのデータを基に、各職業を「資本の総量」軸と「資本の構造」軸上に位置づけたところ、図13-3のようになったという。

　これを見ると、大学教授と商業経営者は、資本の総量では同程度を持っているが、持っている資本の構成比が前者は文化資本に、後者は経済資本に偏っていることがわかる。同様に、大学教授と小学校教員を比べると、経済的には前者は上流階級、

第13章

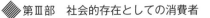

後者は中流階級とされるが、文化資本の占める割合は同程度だとわかる。

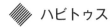 ハビトゥス

　こうした文化資本には、①知識・教養・趣味の良さなどの「身体化された文化資本」、②絵画・楽器・レコードプレイヤーなどモノとしての「客体化された文化資本」、③学歴や資格などの「制度化された文化資本」の3種類があるとされる。中でも①は、家庭や学校の中で時間をかけて身に付けるものであり、結果として有閑階級や上流階級特有の慣習行動を生み出す規範・原理であることから、「ハビトゥス」と呼ばれる。成り上がりに文化資本が欠けているのは、このハビトゥスを先祖から受け継いだり、幼い頃から身に付けたりしていないせいであるとされる。

　冒頭の、母のユミコとママ友たちによるヨウコの壮行会のショートストーリーを思い出してみよう。彼女たちの持ち物や自宅を見ると、経済資本の面では上流階級だといえそうである。しかし実はユミコは、ヨウコおよびママ友グループからセンスの良さを認めてもらえるよう、必死だった。チョコレートはどのブランドが良いのか、ブーケのデザインや色使いはどうあるべきかについて、まずはインターネットで情報を探し、店に行ってからも店員に相談して、ようやく買ったものだった。当日、他のママ友が用意した品々と比べて遜色がないのを見て、安堵したのだが、ユミコはそれだけ集団規範を気にしていたのである。

　だが、文化資本や社会関係資本となるとどうだろうか。ヨウコの息子カイが歌った「野ばら」や、BGMとして流れていたクラシック曲は、誰がいつ作曲したのか、ユミコやその他のママ友は知らない。文化資本がないためである。また、カイがインターナショナル・スクールに通い、各国大使の子女と友人になり、日本語とドイツ語と英語をマスターしたのは、一部は父親から受け継いだ文化資本や社会関係資本のおかげである。これはユミコが持っておらず、娘のアイや息子のショウタに引き継ぐこともできない資本である。このように、ステイタス・シンボルといっても、容易に利用できるものと、そうでないものがあるのだ。

6 おわりに

　この章では、母のユミコとママ友たちとのホームパーティーのショートストー

リーを通じて、使用されるモノは、その人の所属する社会集団を示すステイタス・シンボルであることを学んできた。それゆえ、ステイタス・シンボルは、同じ集団の仲間だと確認し合ったり、有閑階級に所属することを見せびらかしたり、下から上へと階級を移動しようとする際の手段にもなったりするのである。実際は、有閑階級や上流階級のステイタス・シンボルを使っても、すぐにその仲間入りができるとは限らない。彼らは富や金のみならず、審美眼や教養さらには人脈の面から、特権を獲得しているためである。しかし、「まずは形から入る」という言い回しがあるように、特定の集団のメンバーになりきるのに、モノは手っ取り早く用いられる。よって企業は、自社商品にどのような集団のイメージがついているのかを常に確認し、悪いイメージの場合は修正を図るべきである。

？考えてみよう

① 「読者がこのブランドを好むファッション誌は何か？」というクイズを出し、ヒントとなるブランド名を1つずつ増やして回答してもらおう。その後、なぜ、ヒントを増やすと答えられるのかについて考えてみよう。

② 最近、自分が取り入れた流行（モノや音楽、流行語など）を1つ取り上げ、それがどこから生じたのか、自分はなぜ取り入れたのかを考えてみよう。

③ 「経済資本」と、「文化資本」および「社会関係資本」について、その獲得方法や獲得のしやすさを比較してみよう。

参考文献

ソースティン・ヴェブレン（高　哲男（訳））『有閑階級の理論：制度の進化に関する経済学的研究』筑摩書房、1998年。

ゲオルク・ジンメル（円子修平、大久保健治（訳））「流行」『ジンメル著作集7　文化の哲学』白水社、pp. 31-61、1976年。

第13章

次に読んで欲しい本

☆見せびらかしの消費に対する経済学の理論的展開を学ぶには……。

ロジャー・メイソン（鈴木信雄、高　哲男、橋本　努（訳））『顕示的消費の経済学』名古屋大学出版会、2000年。

☆文化資本などの独自概念や、膨大なデータに基づく階級分析を学ぶには……。

ピエール・ブルデュー（石井洋二郎（訳））『ディスタンクシオンⅠ：社会的判断力
　批判』・『Ⅱ』藤原書店、1989年・1990年。

第1章
第2章
第3章
第4章
第5章
第6章
第7章
第8章
第9章
第10章
第11章
第12章
第13章
第14章
第15章

第 **14** 章

サブカルチャー
──日本人は全員納豆好き？

1　はじめに

　サブカルチャーという言葉を聞いて皆さんは、何を思い浮かべるだろうか？　おそらく皆さんは弟のショウタが大好きなアイドルやオタク文化のことを思い浮かべるだろう。しかしこれは、サブカルチャーの一部分でしかない。たとえば、第7章で学んだ世代もまたサブカルチャーの1つである（Column14−2）。これ以外にも宗教に基づくサブカルチャーもある。人種や民族から成り立っているサブカルチャーもある（以下で説明するように、これはエスニシティと呼ばれる）。あるいは、趣味に基づいたサブカルチャーもある（同様に、マイクロカルチャーと呼ばれる）。このように、サブカルチャーとは、世代、宗教、人種・民族、趣味といった軸で括られた集団が共有している文化のことを指す。

　こうしたサブカルチャーでは、それぞれ独自の消費が行われている。たとえば、第7章で見たように、日本では団塊の世代、団塊ジュニア世代という世代があり、クルマや家の所有についての考え方がかなり違う（世代）。あるいは、第2章で見たように、多くの日本人は豚肉を食べるが、イスラム教徒の間では禁止されている（宗教）。また、韓国人は年上の人の前ではタバコを吸わないようにするし、吸う場合も失礼がないように背中を向けるという（人種・民族）。同様に、アップル信者のようにブランドの魅力に惹かれて形成された集団もあり、そこでは独特の言葉やルールが共有されている（趣味）。

　サブカルチャーに基づいた集団は、第12章で学んだ準拠集団だといえるだろう。彼らに対して、そこに属していない外部の人たちは何らかのステレオタイプ（固定観念や思い込み）を抱く。たとえば、フランス人はオシャレであるとか、オタクは変わった人たちであるというようなイメージだ。こうしたステレオタイプは、当たっていることもあれば間違っていることもある。

　この章では、韓国から来たアイの友達のショートストーリーを通じて、サブカルチャーの2つの代表例であるマイクロカルチャーとエスニシティについて学ぶ。その上で、こうしたサブカルチャーが直面するステレオタイプについて考えてみよう。

2　韓国から友達のユジンがやってきた！

　連休の初日の朝、姉のアイは今日の予定をもう一度確認した。昨日、アイが勤める損害保険会社の韓国支社から、新人研修時代からの友達ユジンが出張で来日したのだ。今日は、日本食が苦手なユジンを日本有数の新大久保コリアンタウン（東京新宿区）で、家族みんなでもてなすのだ（図14-1）。アイもショウタも、新大久保にある行きつけの老舗韓国料理店には絶対の自信を持っている。なぜなら、そこは韓国人がオーナーを務める本格派であり、日本人向けにスパイスを手加減するような店ではないからだ。

　小石川一家とユジンは初めて会ったのだけれども、盛り上げ上手のアイのおかげで、話に花が咲いた。最初の話題は、自己紹介も含めて家族のことだった。父のヒロシと母のユミコは80年代のバブル景気を経験してきたので買い物やファッションが大好きだ。一方、ショウタは、親とは違って、お金を使うことにあまり関心がない。クルマを欲しいなんて思ったこともないし、腕時計すら持っていないのだ。そんな違いは、お互いなんとなく知っていたけれども、改めてユジンに説明すると、「ずいぶん違うもんだなあ」と家族それぞれが感じたのであった。

【図14-1　新大久保の韓国焼肉店で食事を楽しむ小石川家とユジン】

特に盛り上がったのは、ショウタが愛してやまないアイドルグループAKB48の話題だ。ショウタはファンクラブ「二本柱の会」に入り、週末には秋葉原にあるAKB48劇場に通っている。自分の部屋には、大好きなアニメのフィギュアに加えて、AKB48のポスターやTシャツが飾られている。実はユジンの弟も熱烈なファンだ。

　アイは、ショウタのオタクぶりに、正直、引いている。しかしファンたちがAKB48に惹かれるのは、彼女たちが身近な存在のアイドルで、成長の過程を応援していく楽しみがあるからだ。ただ、アイドルオタクの自分が周りからどう見られているかをショウタは少し気にしている。

　話題は翌週に控えたバレンタインデーに。なんとバレンタインデーは韓国にもあって、義理チョコもあるという。ただ面白いのは、「ブラックデー」なる韓国独自の記念日があることだ。これは、バレンタインデーやホワイトデーに縁がなかった人たちが4月14日に黒い服を着て集まって、コーヒーやジャージャー麺など、黒い食べ物を飲み食いする「陰キャ」向けイベントである。

　美味しい本場の焼肉を食べながら、ユジンが「秋葉原に行きたい！」と言い出した。美容家電とアニメグッズを買いに行きたいのだ。彼女は日本メーカーの製品やアニメが大好きだ。日本製であれば、クルマであれマンガであれ品質が良いと考えているからだ。彼女にとっては「Made in Japan」であることが大きな意味を持つ。そして彼女は、自分の買物の後に、弟へのお土産にAKB48のうちわを買うことを考えている。

3 マイクロカルチャー

◈ マイクロカルチャーとは

　ショウタはAKB48のファンクラブに所属し、仲間たちから大きな影響を受けている。まさにショウタにとってファンクラブは、準拠集団でいうと所属集団にあたる（第12章参照）。このファンクラブには、好みのアイドルや音楽はどうあるべきか、どのような行動をとるべきなのかといった暗黙のルールがある。

　たとえば、秋葉原のAKB48劇場で行わる公演では、ファンとしてすべきことが

たくさんある。バラード以外の曲では、前奏とサビでは手拍子をせず、Ａメロ、Ｂメロや間奏では手拍子をする、というのが基本だ。特にサビでは、出演者の振りを手で真似するという「振り真似」が行われるため、サビでは手拍子を入れてはいけない。

　ショウタは、デビューしたばかりのアイドルのように世間からまだ評価されていないメンバーをいち早く見つけ、大ヒットするまでの軌跡を見ることにワクワクしている。ファンが好むメンバーは「推しメン」と呼ばれ、１人のメンバーだけを「推す」ことは「単推し」といわれている。ショウタは、まだ有名ではないメンバーを熱烈に応援し、握手会にも顔を出した結果、メンバーから名前を覚えてもらえた。これはファンの間では「認知」と呼ばれている。

　このように、物事の良し悪しや好み、ライフスタイルを共有するコミュニティの文化のことを、マイクロカルチャーという。マイクロカルチャーは多種多様である。日本のアイドルグループでも、AKB48とテクノポップPerfumeのファンクラブで趣味嗜好が違うことは簡単に想像がつくであろう。ショウタがそうであるように、マイクロカルチャーでは、独自の言葉やルールが用いられ、特有のライフスタイルがあるのだ。

ブランド・コミュニティ

　AKB48の「二本柱の会」のように、マイクロカルチャーには特定のモノやサービスを好む人々からなる場合もある。マイクロカルチャーの１つがブランド・コミュニティである。ブランド・コミュニティとは、特定のブランドを愛する仲間たちが集まり交流をするコミュニティである。直接顔を合わせて対話することもあれば、SNSやブログなどネット上でやりとりすることもある。AKB48の握手会のように、企業が企画するイベントを通じて、モノやサービスに対して情熱を共有する仲間との一体感が高まることもある。

　時には、既に販売を中止したブランドを愛好するコミュニティができることもある。代表的な例は、アップル・ニュートン（個人用携帯情報端末）、トヨタ・ランドクルーザー70（オフロードカー）、パナソニック・テクニクス（オーディオ機器）などである。こうしたブランドには販売中止後も熱烈なファンたちが集まり、なかにはランドクルーザーやテクニクスのように再販売されるブランドも登場してきている。

第14章

こうしたマイクロカルチャーは企業に支えられたものもあれば、ファンたちが自発的に作り上げたコミュニティも存在する。アメリカ製大型バイクのハーレーダビッドソンの場合は、企業によるコミュニティとファンたちが自発的に立ち上げたコミュニティの両方がある珍しいブランドである。

ハーレーダビッドソンは、1995年にハーレー・オーナーズ・グループ（通称HOG、「HOG」という単語には豚という意味がある）を日本で立ち上げた。グループでは、日帰りツーリングやクリスマス・パーティー、その他にも、植樹や清掃などの地球温暖化対策活動のエコ・フレンドリーミーティング、親子や夫婦などが集うペア・ライド・パーティーなどが行われている。現在、日本において4万人程が所属している。「ハーレー乗り」の間には、道で出会ったらパッシング（前照灯を上向きで点灯させること）で挨拶したり、故障で道端で止まったハーレーを見かけたら助けたりするなど、お互いに守るべきルールがある。

その一方で、ファン自らが立ち上げ運営しているコミュニティがある。彼らは、HOGのようにメーカーやバイク販売店が主催するイベントには参加せず、「コアなハーレー乗り」だけで活動する。当然、参加費用といった金銭的なやりとりはない。新車を購入せず、バイクに乗らない「素人」からすると単なる中古車に過ぎないバイクを「ビンテージ」と称して、車体を自分好みの色に塗装し直して、強烈な愛着をそのハーレーに注ぐのである。そこでは、メーカーやHOGに対して批判的な眼差しを向けることが少なくない。メンバーのひとりは次のように語っている。

　　HOGはコミュニティじゃないだろう。金取ってるんだぜ。それじゃ商売じゃないか。一緒にツーリングしているだけじゃ、サービスを共有しているだけじゃないの。こっちは志を共有している。……ベタな付き合いをしているし、昔のアウトロー的なハーレーライフを楽しんでるよ。

このように語るメンバーが所属するコミュニティに、新車のオーナーは加入することができないし、単に古い車体をいじっただけの「ミーハーなハーレー乗り」にとっては、敷居の高いコミュニティになっている。ハーレーに乗り始めた人にとって、近寄り難い存在なのだ。こうした草の根的なコミュニティがHOGとならんで全国各地にあり、ハーレーダビッドソンというマイクロカルチャーを構成しているのである。

4 エスニシティ

　サブカルチャーのもう１つの代表例であるエスニシティについて見ていこう。エスニシティとは、日本やアメリカというように、共通の文化を分かち合い、生まれた場所、血縁や身分といった出自によって定義される集団のことである。日本に在住する外国人は273万人にのぼる。そのうち、中国が76万人、韓国が45万、ベトナムが33万、フィリピンが27万ほどである（法務省「平成30年末現在における在留外国人数について」）。また、日本を訪れる外国人の数は、2018年には3,119万人を超えた。つまり、日本国内においても多様なエスニシティが存在しているのだ。

　アイたちが訪れた韓国焼肉店のオーナーは、韓国のエスニシティに属しており、日本の風習や環境だけでなく、韓国の伝統が消費者行動に大きな影響を与えている。新大久保は数多くの韓国系の店が軒を連ねる日本でも有数のコリアンタウンである。

　海外でのビジネスにとどまらず、日本国内の多様なエスニシティに企業は対応しようとしている。たとえば、数多くの大使館が集まる東京広尾のナショナル麻布スーパーマーケットは、日本に住む外国人向けに、アメリカンサイズの冷凍食品、５キロを超えるターキー、ハンバーガー用のバンズなどを揃えている。店内には、外国人とのコミュニケーションを促すために、料理教室や語学教室の開催、中古品の個人販売などを告知する掲示板がある。

　あるいは、がんこ寿司を展開する大阪のがんこフードサービスは、イスラム教を信仰する人が多いマレーシア人やインドネシア人などに対応するために、ハラルの認証を得た寿司を提供している。ハラルとは、イスラム法の教えで許される商品や活動のことをいう。アルコールを含んだ酢ではなく、専用の塩で味をつけ、食材や調理場、配送用のトラックや冷蔵倉庫をハラル対応以外のメニューと分けている（Column14－１）。

第14章

 異なる文化への対応

　出身国の伝統や慣習を引き継ぐ一方で、日本に住む外国人の中には日本の文化を受け入れる人もいる。文化変容とは、外国から来た人がある国の文化に適応するプ

Column14 - 1

脱エスニック化

　お寿司なら日本、カレーならインドといったように、特定のエスニシティと関連付けられたモノやサービスは数多くある。それらの多くは、その起源を離れて他のサブカルチャーに受け入れられている。それが脱エスニック化である。中国を起源に持つとされるラーメンは日本で独自の進化を遂げてきた。今では「ご当地ラーメン」なるものが登場し、博多、札幌や喜多方といった有名な地域のラーメン以外にも、各地に根付いた独自のラーメンが人気を集めている。「徳島ラーメン」は、豚骨をベースにこってりとした味付けのラーメンであり、なかには豚肉と玉子を「肉玉」と称してトッピングしたものがある。日本のラーメンは東南アジアでも進化を遂げており、タイでは、天ぷらや地元の調味料で炒めた挽肉を麺に載せたラーメンがあるのだ。

　モノやサービスの起源が忘れられているものもある。その1つが、ユダヤ人の主食であったベーグルである。現在ではコンビニエンスストアやスーパーなどで多くの種類のベーグルを目にすることができる。日本では、アメリカ式のベーグルを参考にしているのか、自社のベーグルがアメリカ、さらにはニューヨーク発祥であることをウリにする店も多い。もともとは、オーストリア出身のユダヤ人のパン職人が、ポーランドの王様に献上するために作った、馬のあぶみを形どったハードロールが「ベーグル」の起源とされている。

　ベーグルは日本において独自の進化を遂げている。サークルＫサンクスは「ベーグルメロンパン」、山崎製パンは「クレーグル　クロワッサン×ベーグル」をそれぞれ販売していた。また、その地域ならではの材料を組み合わせたベーグルも登場している。東京のベーグル専門店「ケポベーグルズ」は、しょうゆや麹の天然酵母に、きな粉やよもぎなどを加えたベーグル「和」を提供している。このお店には、外は固いが中はしっとりした「ニューヨーク」というタイプのベーグルもある。

ロセスのことである。人は他の地域や国に移り住んだ場合、そこで受け継がれている伝統や慣習を全面的に受け入れたり、逆に拒否しようとしたりする。たとえば、もしアイが韓国に赴任したとしたら、ブラックデーに黒いジャージャー麺を食べるイベントを面白がるかもしれない。けれども、食事の際に割り勘ではなく交互に誰か1人が支払うという韓国では当たり前の慣習に、なかなか馴染むことができない

かもしれない。

　人によっては、出身国と移り住んだ国の伝統や慣習を融合させていく人たちもいる。移民してきた人は他のエスニシティとの接触が増加すると、それに適応するために特有の伝統や慣習などを学んでいく。移民したヒスパニック（アメリカでスペイン語を母語とするラテンアメリカ系の人たち）についての研究によれば、移住国の文化を全面的に受け入れた人よりも出身国のエスニック・アイデンティティの強い人たちのほうが、母語のメディアへの接触が多く、自らが属するエスニシティに絞って宣伝を行うブランドを好む傾向があることがわかった。

 ## 空気を読む文化と明文化する文化

　国や地域を中心としたエスニシティ間の違いは、個人主義と集団主義（Column10-2参照）、男性らしさと女性らしさといった文化的な特徴（第10章参照）に加えて、コミュニケーションの特徴にも見られる。文化人類学者エドワード・ホールは、コミュニケーションをする際に頼るコンテクスト（文脈）の程度に基づいて文化をハイコンテクスト文化とローコンテクスト文化に分類した（エドワード・T・ホール（1993）（岩田慶治、谷 泰（訳））『文化を超えて』TBSブリタニカ）。

　ここでいうコンテクストとは、わたしたちが日頃コミュニケーションするときに前提となる「状況」のことを指す。「一を聞いて十を知る」という言い方があるように、全部を言葉で説明しなくても相手に言いたいことが伝わることがある。これはすなわちコンテクストが共有されているということである。このように皆さんはコンテクストの中で生きているのだ。しかし文化によってコンテクストの強さが異なってくる。では、ハイコンテクスト文化とローコンテクスト文化はどのように違うのだろうか？

　ハイコンテクスト文化の代表例は日本文化である。「空気を読む」ということが日本では重視される。すべて言葉で表現するのではなく、「あうんの呼吸」のコミュニケーションが求められる。顔の表情や細かい動作から「空気を読む」のだ。たとえば、ユジンが日系企業でいつも苦労をするのは、日本人上司がハッキリと指示を出してくれないことである。

　「あうんの呼吸」ほど、外国人にとって理解が難しいことはない。たとえば、ダチョウ倶楽部の上島竜兵が熱湯風呂に入るというコントがある。このコントでは、

浴槽の淵に立つ上島が「押すなよ！　押すなよ！　絶対、押すなよ！」と叫ぶが、実は押されることを期待しているのである。この言外の意味を共有することは、異文化に生きる人にとって非常に難しいことだ。本音と建て前を使い分けるハイコンテクスト文化の難しさである。

　一方、ローコンテクスト文化の典型例がアメリカ文化である。何でもマニュアルや契約書として明文化して、言葉を尽くして説明することがアメリカでは求められる。取引先のアメリカ人との交渉に連れて行ってもらったアイは、何でも言いたいことをずばずば言う相手にいつもビックリしている。

5 ステレオタイプ

　これまでマイクロカルチャーとエスニシティという2つの代表的なサブカルチャーについて見てきた。こうしたサブカルチャーについて、皆さんは何らかの固定観念や思い込みを抱くことはないだろうか？　こうした思い込みは、必ずしも現実を反映したものとは限らない。

　ここで取り上げるステレオタイプとは、ある集団に見られる特徴について過度に一般化されたイメージのことをいう。ユジンはキムチ好きに違いないとアイは信じていたが、実はユジンはそれほどキムチが好きじゃないのだ。逆にアイは納豆好きだとユジンは思い込んでいたが、アイにとって納豆ほど苦手なものはない。皆さんも、こうした思い込みのせいで、相手を誤解したことはないだろうか？

◆ カントリー・オブ・オリジン

　こうしたステレオタイプはマーケティングでも活用されている。たとえば、アメリカ人の間では、スコットランド人は「倹約家」という良いイメージがある。このイメージを使って素材メーカーの3M（スリーエム）は、自社のテープを「スコッチテープ」とネーミングした。ステレオタイプは、多くの人たちにとっての常識であるため、その常識を利用してマーケティングを行うと、多くの人に理解されやすいのである。

　国に対するステレオタイプは、自社製品の価値を消費者に伝達する際に役立つ。ユジンは日本製品が好きである。この「Made in Japan」が持つ良いイメージの

【写真14-1　SAMURAI, FUJIYAMA, CUPNOODLE】

写真提供：日清食品ホールディングス

ように、モノを生産・輸出している国が持つ印象は、原産国イメージと呼ばれる。しかし、原産国が持つイメージは、人によって異なる場合がある。

　カップヌードルの2014年テレビCMの「SAMURAI, FUJIYAMA, CUPNOODLE」はその好例である。このテレビCMでは、サイリウムを振り回しオタ芸をしている日本の若者達を「現代のサムライ」として面白おかしく紹介している。これは、サムライ、フジヤマといった日本についての古典的なステレオタイプを活用した、ひねりの利いたテレビCMである（**写真14-1**）。このような古典的な原産国イメージを未だに抱いている外国人は、いるかもしれない。

　最近ではグローバル化が進展し、企業の本拠地や消費される国、製品がデザインされる国など、必ずしも製品の原産国とは一致しないケースが増えてきた。そのため、現実とは異なる原産国イメージが共有される場合がある。たとえば、イギリスで行われた調査では、韓国のサムスンが日本の企業であると答えた人が4割を超え、逆に、シャープが日本の企業であると回答したのは3割にとどまった。ステレオタイプが、必ずしも現実を反映しないという好例である。皆さんは、ハーゲンダッツがアメリカのブランドだということを知っているだろうか？　実は、ヨーロッパのブランドではないのである。ヨーロッパの伝統と職人技を連想させるために、ヨーロッパ風の名前を付けたのである。

スティグマ

　ステレオタイプは肯定的なイメージだけに限られない。アメリカ人はスコットランドに良いイメージを抱いているかもしれないが、イギリス人はそうではないかも

しれない。ある種のサブカルチャーには、ネガティブなステレオタイプが与えられる。極端な場合、スティグマが与えられることがある。スティグマとは、世間から「異質」であるとか「非常識」だと思われた人々が差別や偏見を受ける状況のことである。

サブカルチャーの2つの代表例であるマイクロカルチャーやエスニシティに対してスティグマの烙印が押されることがある。ショウタがアニメオタク文化にハマりながら、周りの目を少し気にしていたことを思い出して欲しい。ショウタの例からもわかるように、実際、オタクという言葉は、特定の趣味を持つ人たちを揶揄するものであった。

ショウタは当初、家族や友達にアニメやマンガの話をせず、グッズをタンスの中に隠したり、コスプレを控えたりと、自らがオタクであることを周囲に察知されないように気を使っていた。というのも、アニメにハマる前は、オタクや彼らが参加するコミックマーケット（コミケ）に対して、風変わりで暗いイメージを抱いていたからである。それに、テレビでは、オタクたちが面白おかしく、滑稽なものとして取り上げられていたからだ。

しかし興味深いのは、オタク文化が独自の進化を遂げると、そういったネガティブなステレオタイプがだんだんと薄れてきたことである。ショウタは、今では、周りの目は少し気になるものの、コミケに参加していることを隠してはいないし、大学のクラスやサークルの自己紹介でも、自らがオタクであることを強調している。

【写真14-2 人で溢れるコミックマーケットの同人誌即売会場】

写真提供：コミックマーケット準備会

Column14 - 2

団塊の世代

　本文では取り上げなかったが、サブカルチャーのもう１つの例が世代である。ショートストーリーで、ヒロシとユミコ世代とショウタの世代で消費についての考え方が違ったことを思い出して欲しい。

　日本では、65歳以上のいわゆる高齢者人口は3,000万人を超え、総人口25%を占めるに至っている。特に、団塊の世代（1946～50年生まれ、第７章参照）は、若者に比べて比較的経済力のある人が多い。企業はこの世代を積極的に取り込もうとしている。

　UCC上島珈琲はコーヒー市場の成長に期待を寄せている。なぜなら、1980～90年代の喫茶店ブームの中心が団塊の世代であり、主力のユーザー層になっているからだ。上島珈琲店や珈琲館などチェーンの運営だけでなく、ベーカリーカフェなどに抽出マシーンを提案している同社では、素人からプロまでを対象としたコーヒースクールを開催している。それに、業務店用向けにアイスコーヒーサーバーを独自開発したりするなど、目の肥えた団塊の世代を惹きつけるべく、店舗づくりに工夫を凝らしている。

　かつての喫茶店ブームではサイフォンと呼ばれる淹れ方が人気になったこともあり、団塊の世代にとって懐かしい思い出となっている。サイフォンでは、理科の実験用具のようなフラスコとロートを使用し、ガスバーナーやアルコールランプで加熱してコーヒーを淹れる。ペーパードリップやマシーンが手軽にコーヒーを淹れられる器具として支持されているけれども、ゆっくりと幻想的な炎を見ながらコーヒーを楽しむ光景は、団塊の世代の記憶に刻まれている。UCC上島珈琲では、「団塊の世代には懐かしいサイフォンコーヒー」と称して、ウェブサイト上にサイフォンの魅力とその淹れ方、そして同社のコーヒー豆の商品を掲載している。

　同じ世代ということは、歴史的な出来事を同時期に、近い年齢で経験したことを意味する。団塊の世代は、東京オリンピックを10代の時に、バブル景気を40歳前後で経験した世代である。喫茶店ブームを経験したのも、働き盛り、かつ新しいものに興味を持ちやすい30～40歳前後であったのだ。

第14章

なぜなら、日本のアニメやマンガ、それにオタク文化は、誇るべき日本文化の象徴であり、今ではクールジャパン政策として国をあげて力を入れる存在へとなったからだ。実際、東京ビッグサイトで年２回開催されるコミケは、世界最大規模の同人

誌即売会としてよく知られている（**写真14－2**）。

6 おわりに

　この章では、韓国人ユジンのショートストーリーを通じて、マイクロカルチャー、エスニシティ、ステレオタイプについて理解し、サブカルチャーにおける消費とそうした集団に与えられるイメージについて学んできた。サブカルチャーやステレオタイプが、どれほど消費者行動に影響を及ぼすかということが実感できただろう。

　サブカルチャーでは、独自の言葉やルールが用いられ、特有のライフスタイルがある。これについて深く理解することで、企業はサブカルチャーの違いを考慮したマーケティングが実践できる。たとえば、サブカルチャー間のニーズの違いに着目したり、ステレオタイプを取り入れたプロモーションを行ったりすることができるだろう。あるいは、ステレオタイプを用いることで、モノやサービスの詳細な説明をしなくても、消費者に適切なイメージを効率良く伝えることが可能になるだろう。

？考えてみよう

① 　自分や友人が属しているマイクロカルチャーを1つ取り上げて、そのメンバーが好む代表的なモノやサービスを3つ考えてみよう。

② 　日本以外のエスニシティを1つ取り上げてその特徴を調べた上で、あなたが日本の緑茶のマーケターなら、こうしたサブカルチャーに対してどのような戦略を実行するのかを考えてみよう。

③ 　ドイツに対してあなたが抱くイメージを整理した上で、なぜそのようなイメージが形成されたのかを考えてみよう。

参考文献

エリオット・アロンソン（岡　隆（訳））『ザ・ソーシャル・アニマル：人と世界を読み解く社会心理学への招待（第11版）』サイエンス社、2014年。

ジャン・クロード・ウズニエ、ジュリー・アン・リー（小川孔輔、本間大一（監訳）、酒井麻衣子、豊田裕貴、岩崎達也、大風　薫、頼　勝一、八島明朗、神田晴

彦、小川浩孝、竹内淑恵、中塚千恵（訳））『異文化適応のマーケティング』ピアソン桐原、2011年。

ディック・ヘブディジ（山口淑子（訳））『サブカルチャー：スタイルの意味するもの』未來社、1986年。

次に読んで欲しい本

☆サブカルチャー特有のルールや行為、モノの持つ意味を詳しく学ぶには……。

佐藤郁哉『暴走族のエスノグラフィー：モードの叛乱と文化の呪縛』新曜社、1984年。

☆文化や制度など国ごとの差異を考慮したグローバル戦略を詳しく学ぶには……。

パンカジ・ゲマワット（望月衛（訳））『コークの味は国ごとに違うべきか』文藝春秋、2009年。

第14章

第1章
第2章
第3章
第4章
第5章
第6章
第7章
第8章
第9章
第10章
第11章
第12章
第13章
第14章
第15章

第15章

文 化
——聖地巡礼も消費者行動？

1 はじめに

　アフリカのコンゴで「サプール」と呼ばれる人たちが、色鮮やかなスーツをオシャレに着こなしていることで世界的な注目を集めている。ポール・スミスのコレクションも参考にしたとされ、NHKも含め世界中から取材が殺到している。貧しい暮らしをしている彼らがしているのは、1950〜60年代のパリ紳士の盛装でオシャレして、ステップを踏みながら街を練り歩くことだけである。こうした消費を「無駄遣い」だと思う人もいるだろう。しかし、むしろ文化的な消費といえないだろうか？

　この章のテーマは文化である。消費は、単にモノを買うということにとどまらない。第10章で見たように、自分が持っているモノの中には、アイデンティティ（自分らしさ）を表現するものもある。たとえば、自分が環境問題に関心を持っていることを、エコバッグを使うことでアピールしているかもしれない。このように消費は、意味のレベルでも行われているのだ。同じように、サプールの人々は、厳しい気候や自然環境から体を守るという機能的な理由から服を着ているのでない（むしろスーツなど着たら暑くてしょうがないだろう）。フランス風の伝統的なファッションという意味のレベルで消費しているのである。

　和食文化も同じである。たとえば、寿司は、酢飯の上に刺身を載せた食物である。米（炭水化物）と生魚（タンパク質）を醤油（発酵調味料）で味を付けて食べるものである。しかしこのような言い方だと、寿司の「特別感」を表現しきれていないだろう。わたしたちは寿司を単に栄養分として摂取しているのではなく、寿司という文化が持つ洒脱で高級で特別な意味もまた消費しているのである。

　この後に見る弟のショウタの聖地巡礼も同じである。単に、旅行に出かけているのではなく、訪問先が持つ意味を消費しているのである。面白いのは、この意味は万人に理解されるものではない、ということである。サプールの人々にせよ寿司文化を理解できる人々にせよ、その人たちの間だけで共有されている意味というものがあるのだ。

　この章では、ショウタのショートストーリーを糸口に、文化と消費、聖なる消費と俗なる消費、儀式としての消費について学んでいく。

2 「けいおん！」の聖地巡礼

　ご存知のように、ショウタのアニメ好きは普通のレベルではない。近頃、いちばんハマっているのは、昔流行った「けいおん！」だ。きっかけは、オタク仲間から４コママンガ「けいおん！」を貸してもらったこと。原作マンガが掲載されていた雑誌『まんがタイムきらら』の展覧会は先行チケットを購入し、何度も通った。久しぶりの読み切りに興奮し、保存用、読書用、布教用の３冊を買った。唯・澪・律・紬のフィギュアは、当然、買ったし、しまいにはイベントでコスプレまでしている。

　ショウタは「けいおん！」の舞台となった京都府や滋賀県を、ウェブサイト「ぶらり聖地巡礼の旅」からダウンロードした地図を片手に、何回も「聖地巡礼」している（**図15－1**）。そんな聖地の１つが滋賀県の豊郷小学校である。豊郷小学校の旧校舎は、「けいおん！」の登場人物たちが通う桜ヶ丘高校のモデルになった学校だ。校舎には、ファンが持ち込んだ雑貨やギターなどが置かれ、ホワイトボードや黒板にはファンたちのメッセージやイラストが書き込まれている。ショウタにとって、旅先で自分の印を残すことは欠かせない習慣だ。アニメの絵馬を作品に関連する神社に奉納したり、聖地に置かれた「巡礼ノート」に自分の思いとともに記帳し

【図15－1　聖地巡礼をするショウタ】

たりするのだ。

　聖地巡礼の旅では、コミケで知りあった友人たちにお土産を買うのが習慣となっている。キャラクターが描かれたTシャツやお菓子がお土産の定番だ。「けいおん！」を知るきっかけを与えてくれた友達には、聖地巡礼で撮った写真を現像して直接渡した。なぜなら、つい先日、その友人から「東京スカイツリー＆けいおん！ポケットタオル」をもらったからだ。

　しかし、ショウタには親友にさえ触らせない大事なモノがある。それは、「けいおん！」の作者、かきふらい先生のサイン入り色紙である。ショウタは大切なこの色紙を毎日眺めるために、色紙を入れる立派なケースを購入した。

　ショウタは聖地巡礼を始めてから、撮影した写真をTwitterにアップロードして、旅行ガイドブックにはない情報を仲間に提供している。ただ最近ショウタには気がかりなことがある。それは、聖地巡礼をするオタクたちのマナーについてである。個人宅など撮影NGの場所の写真をソーシャルメディアにアップロードしたり、ゴミのポイ捨てをしたり、といったマナー違反である。聖地巡礼マップが注意しているように、そうした行為はアニメオタクにはあるまじき行動なのだ。

3 文　化

◆◆◆ 文化とは

　ショウタは、アニメオタクたちが共有しているルールや価値観を、コミケや聖地巡礼で知りあったオタク仲間から学んできた。それは彼が、AKB48のファンなら当然のように知っているルールや言葉遣いを、ファンクラブで活動しながら身につけたことと同じだ（第14章参照）。ショウタは、小石川家という家庭や学校、あるいはオタク仲間といった複数の文化に属し、その文化からさまざまな影響を受けている。ここでいう文化とは、社会や集団が持っている個性である。具体的には、知識、価値観、言語、習慣、儀式といったものである。こうした文化を、私たちは子どもの頃から少しずつ学んで身につけている。

　たとえば、ショウタはコミケにおいて、同人誌やグッズの販売が行われていても、「お客様」としての態度をとらない。なぜなら、アニメオタク文化では、客のほう

が上という意識は拒否され、主催者も買い手も売り手も、誰もが「参加者」とする見方が当たり前とされているからである。コミケでは、同人誌を「販売」するのではなく「頒布」するのだ。

　冒頭で触れたように、皆さんが普段、楽しんだり使ったりするこうしたものは、文化を形づくっている。それらのモノやサービスには機能性や実用性があり、それらを私たちは消費している。クルマは移動するために用いられるし、スポーツドリンクは水分補給として飲まれる。ただ、消費はモノやサービスがもつ機能を消費するという側面にとどまらない。モノやサービスの消費には、そうした機能的側面の他に意味的側面がある。

　バレンタインデーに贈られるチョコレートにどのような意味が込められているのかを考えてみてほしい。チョコレートには、贈り手の愛が込められているかもしれないし、お世話になった人への感謝の気持ちという意味が込められているかもしれない。どちらの場合にせよ、チョコレートをもらった人は、単に空腹を満たすために食べるのではなく、それがもつ意味を消費している。また、贈り手は自分なりの意味を込めて相手にチョコレートを贈るのだ。たとえ受け取った人がその意味を理解できなかったとしても…。

　モノに意味が与えられるのは何も贈り物に限られない。コーヒーや服といったフェアトレード製品も、発展途上国への貢献という意味が見いだされているかもしれないのだ（Column15‐1）。このように、モノやサービスには、さまざまな文化的な意味が与えられているのである。

◆ 文化的な意味の消費

　バレンタインデーのチョコレートのように、消費する理由は何もモノやサービスの機能を得ることに限られない。ショウタの例を思い出して欲しい。彼は、①自分がハマるアニメオタク文化を「けいおん！」の登場人物のフィギュアや同人誌で表現し、そして②こうした数々のモノを眺めたり使用したりすることで、自分がアニメオタクであることを常に感じている。このようにアニメにハマったきっかけは、そもそも③アニメ化される前の4コママンガ「けいおん！」を友人からもらい、アニメやマンガにハマる新たな自分を発見したからであった。

　ショウタの例に合わせて考えてみると、消費には、①自らが所属する文化を目に見える形で表すという役割、②自分らしさを見失わないようにさせるという役割、

第15章

Column15 - 1

フェアトレードとビジネス

　消費者のフェアトレードへの理解は年々高まっている。フェアトレードとは一般的に、生産者の生活を支援するために、発展途上国の原料や製品を適正な価格で生産者から購入することである。フェアトレード・インターナショナルによると、フェアトレード認証を受けた製品の市場規模は、世界で7,000億円を超えている。コーヒーや紅茶に加えて、最近ではコットンや木材（紙）などにも認証の動きが広がってきている。

　毎月20日を「フェアトレードコーヒーの日」としているのがスターバックスである。同社がこの日を制定したのは、「倫理的かつ持続可能なコーヒー購買に貢献する」ためである。コーヒーの生産者が公正な対価を受け取り、国際市場へのアクセスを改善し、将来にわたって持続可能な生産を支えることを目標としている。2009年度にはコーヒー購買量を1,800万キロに増やし、世界最大のフェアトレード認証コーヒーの購買者となっている。

　フェアトレード商品をオンラインショップや実店舗で販売しているのが、フェアトレードカンパニーの「ピープル・ツリー」である。同社は、世界フェアトレード機関のラベルを付けた製品を販売しており、特に女性のファッションに力を入れている。インドの天竺編みトップスやバングラデシュのスラブ織りスカート、ネパールの麻スカーフなど、デザイナーとコラボした商品の開発も行っている。「ピープル・ツリー」はアジアや南米など10箇所、150にものぼる生産者と取引を行っている。

　ファッション性の高い製品に力を入れているのがマザーハウスである。同社は、発展途上国でアパレル製品の生産を行っている。しかしそのビジネスは、単にフェアトレードという言葉から連想される「援助」とは異なる。最も重視しているのは消費者の満足であり、それがあるからこそ生産者支援ができると考えている。直営店を増やすことで現場の声を聞きながら、社会性とファッションを組み合わせて提案しようとしている。

そして③自分らしさを新たに発見するという役割があることがわかる。つまり消費は、モノやサービスに与えられた文化的な意味を表現したり読み取ったりすることでもあるのだ。

　モノの機能性や実用性に着目すると、スクーターよりも燃費が悪く駐車しづらい

大型バイクを購入することは不合理な消費である。けれども、文化的な意味の消費に着目して見ると、大型バイクに乗ることは、過剰な消費でもないし、単なる見せびらかしの消費でもないのである。大型バイクはその人にとって、力強さや男らしさを意味し、それに乗ることによって自分らしさを見失わないようにしているのかもしれない。モノの機能の消費という点では不合理な行為に見えても、文化的な意味の消費という点からすると、それは理にかなった行為かもしれないのだ。

　このようなモノやサービスの意味的側面が組み合わされることがある。第13章で学んだディドロ効果を思い出してほしい。ニトリのユーザーが好むブランドは、しまむらと象印マホービンであって、ザラやイッタラではないのだ。もしかしたらユーザーにとって、ニトリとしまむらは相性が良いのかもしれない。このように、文化的な意味が共鳴し合う複数のモノのことを構造的等価物という。

　ショウタの例で考えてみよう。彼は、4コママンガ「けいおん！」を貸してもらったことをきっかけに、アニメやマンガにハマり、毎年コミケに参加するようになった。そして今では、同人誌の専門店に出入りするようになった。彼がその時に身につけるのは、カジュアルなキャップかバンダナ、機動性と機能性を兼ね備えたリュックサック、足もとはスニーカー、昔ながらのチェックシャツであり、一眼レフカメラを持参する。声優のコンサートではもちろんサイリウムは必須のアイテムだ。もしコミケや専門店で、サングラスをかけていたり高級ブランドのスーツを着ていたら、周りのオタクから変な目線を送られるかもしれないし、自分自身の中で、その他のモノによって醸し出されるイメージと一貫しないのだ。ただ、より大切な

【図15-2　構造的等価物としてのオタクファッション】

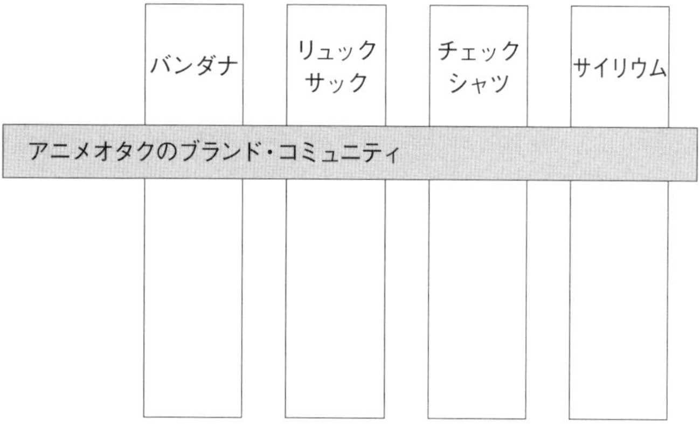

バンダナ	リュックサック	チェックシャツ	サイリウム

アニメオタクのブランド・コミュニティ

出所：石井（2004）p. 128をもとに著者作成

第15章

ことは、たとえ外部者がそれらのモノの間に一貫性を見出せなくても、彼自身の中で意味が共鳴していることなのだ（**図15−2**）。

4 聖なる消費と俗なる消費

　マッチ箱やコースターを熱心に収集する人が世の中にいるように、皆さんから見ると何気ないモノであっても、その人にとっては特別で大事な意味を持つことがある。ショウタにとって、かきふらい先生のサイン入り色紙がまさにそうである。先生のサインは、もはや崇拝の対象である。このようにモノには「神聖さ」が帯びることがある。

　こうした消費を聖なる消費と呼ぶ。聖なる消費とは、消費者が日常的なものと切り離して考えるモノやサービスに関する消費で、それらを尊敬や畏怖の気持ちを持って扱うことである。聖なる消費と逆なのが俗なる消費である。俗なる消費とは、消費者が日常的なものとして考えるモノやサービスに関する消費である。聖なるものとは異なり「特別さ」は持たない。

　たとえば、ショウタにとっての俗なる消費には、皆さんの多くがそうであるように、授業で使うボールペンやコンビニで買うソフトドリンクといった日常的なモノやサービスが含まれるかもしれない。その一方で、「けいおん！」のＴシャツや」ミケで過ごす時間などは、聖なる消費にあたるであろう。

　スポーツ観戦も聖なる消費の好例であろう。プロ野球の中継を食い入るように観るファンの姿を思い浮かべてほしい。ファンではない人からすれば、数万人の観客が押し寄せるスタジアムは礼拝所、ファンは敬虔な信徒、スポーツ新聞はまるで聖書のような存在として映るであろう。実際、スタジアムでは、掛け声に合わせて歌ったり、踊ったり、ウェイブをしたりと、ファンたちは周りと合わせた行動をとる。

　たとえば、プロ野球球団の東京ヤクルトスワローズのファンたちは、明治神宮野球場でビニール傘を使ってリズムを取りながら、盆踊りの定番曲である東京音頭を一緒に歌う。これによってファンの間に一体感が生まれるのだ。

◆ 神 聖 化

　ショウタの例からもわかるように、企業が提供するモノやサービス、すなわち俗なるものが、聖なるものと見なされることがある。これは神聖化の例である。神聖化とは、普通のモノ、イベント、人物に神聖な意味が与えられることを指す。たとえば、切手や硬貨、東京ガールズコレクション、プロ野球選手のイチローなどが神聖化の対象となるかもしれない。

　実は、聖なる消費の対象はモノに限らない。次のようにさまざまなものがある。①親から譲り受けた家具や鞄などのモノ、②住み慣れた家や母校の小学校といった場所、③宝塚歌劇団や歌舞伎座で過ごす時間、④PerfumeやEXILEの音楽といった無形物、⑤プロテニスプレーヤーの錦織圭のような人間、⑥パリでの観光や食事といった経験などである。

　ショウタの場合、①はじめて手にした「けいおん！」の４コママンガの単行本、②豊郷小学校という場所、③同人誌即売会で過ごす時間、④オープニングテーマ曲の「Cagayake! GIRLS」、⑤かきふらい先生という人物、⑥聖地巡礼という旅の経験が、聖なる消費の領域にあたる。

　では消費者は、どのようにして俗なる消費を神聖化していくのであろうか？　俗なるものを神聖化する手段としては、儀式（自分へのご褒美としてビールを飲む）、巡礼（映画のロケ地をくまなく回る）、贈与（受験生のお守りとしてキットカットを贈る）、収集（ハーゲンダッツのミニカップの蓋を収集する）、相続（親が長年愛用していた機械式時計を使う）などがある。

　こうした行為によって生まれる文化的な意味は、消えてしまうことがある。そのため、一度、神聖化されたものは、聖なるものと俗なるものを物理的に区別したり、マンネリ化を防ぐための儀式を行ったりすることで維持されていくのだ。ショウタにとって、コミケで使うコスプレの服は神聖さを帯びている。そのため、日頃着る服とは違うクローゼットにコスプレ用の服をしまっている。そして、コスプレの服は非日常的な空間で使用するのだ。

◆ 脱神聖化

　俗なるものが神聖化される一方で、聖なるものの代表例である宗教行事が逆に世

第15章

俗化しているという動きもある。皆さんご存知のハロウィンがまさにそうである。かつてハロウィンは、秋季の収穫を祝い、悪霊を追い出す目的で行われていた宗教的行事であった。しかし、今ではハロウィンの時期になると、切り抜かれたカボチャやそのイラストをデパートやカフェなど至る所で目にすることができる。9月にもなると、ディズニーランドやシーでは「ハロウィーン・パレード」が開催される。こうしたイベントに参加してハロウィンの仮装をやっている人たちで、そもそもの宗教的な意味に思いを寄せる人はあまりないだろう。

　このように、聖的あるいは象徴的なものから特別な意味合いが取り除かれることを脱神聖化という。ハロウィンやクリスマスのような宗教行事以外にも多くの例がある。日本茶はその好例であろう。日本茶の起源は奈良時代までさかのぼる。当時は茶葉を煎じて儀式や行事に用いるなど、極めて貴重なものであった。今でも、お茶の淹れ方や振る舞いには作法があるし、特別な日や場所でお茶を飲むこともある。その一方で日本茶は、ペットボトルや缶に入れられ、自動販売機やコンビニエンスストアで販売されるようになった。気軽に飲むことができるモノとなったのだ。皆さんはペットボトルや缶の日本茶に対して、神聖な意味を与えているだろうか？

5　儀式としての消費

　以上のように、モノには文化的な意味を伝える役割がある。文化人類学者グラント・マクラッケンは、消費者がモノから文化的な意味を引き出す手段として、儀式に着目した。儀式とは、決められた手順で定期的に繰り返される象徴的な行動のことである。ここでいう儀式は、未開部族や宗教団体で行われる非日常的な行動を指すのではなく、皆さんも日常的にやっていることである。具体例を見ていこう。

　毎朝、大学に行く前に、InstagramとTwitterで友達や社会の動きを感じながら1日のスタートのスイッチを入れる。これも立派な儀式なのだ。それに、鏡に向かって自分と心の中で対話しながら、歯を磨いたり、髭を剃ったり、化粧をしたりすることも儀式である。ひとたび儀式として定着すると、そこで使われるモノ（ブランド）は変更されずに長い間、愛用されることになるかもしれないのだ。

　こうした儀式で使われるモノやサービスに対して、消費者は文化的な意味を見いだしている。たとえば、大学の期末試験やアルバイトが終わった後に、1人で本を読みながらスターバックスで飲むコーヒーは、ささやかな自分へのご褒美を意味す

るのかもしれない。眠気覚ましや喉の渇きを癒すためにコーヒーを飲むわけではないのだ。スターバックスに対しそのような文化的な意味を見いだす人にとって、スターバックスは人生においてなくてはならない存在となるのだ。

　マクラッケンは消費者行動における儀式には4つあると述べている。ショウタや小石川家のケースで儀式としての消費を確認していこう。

所有の儀式

　第1は、所有の儀式である。消費者はモノを自分の色に染める。モノには、消費者が手に取る前に、さまざまな人や集団から意味が与えられている。それは、企業が作成する広告かもしれないし、専門家や友人らによるクチコミかもしれない。ショウタが愛する「けいおん！」でいえば、マンガの二次創作同人誌をコミケで「頒布」する人たちが原作に新しい解釈を付け加え、それがオタク文化で広がるかもしれないのだ。

　こうしてモノに与えられた文化的な意味を、個人的な意味にしていくのが所有の儀式である。ショウタはコミケにおいてお気に入りの同人誌を見つけて、仲間たちと語りながら彼なりの解釈を行ったり、また、手に入れた同人誌を家に帰って写真に収めたりしている。彼にとってこうした行動はオタク文化で共有された文化的な意味を自分自身へと移転させる試みでもあるのだ。

手入れの儀式

　第2は、手入れの儀式である。消費者はモノから引き出した特性を常に新しいものに更新して、モノに備わっている意味を輝かせている。ショウタだけではない。父のヒロシの愛車ビートル、それに母のユミコのシャネルのバッグのように、キレイに磨くなど手入れに費やされる膨大な時間とお金を想像してみてほしい。クルマやバッグに手をかければかけるほど、当初持っていた特別な意味がより鮮明になる。ユミコは、新婚旅行で訪れたパリで結婚の記念として購入したことを、シャネルのバックを使ったり手に入れたりするときに思い出すのだ。

　手入れの儀式が絶えず行われるのは、モノから引き出された文化的な意味が色あせしやすいからである。ショウタは年に数回、コミケで手に入れたグッズや同人誌をクローゼットや本棚から取り出して、当時撮影した写真と照らし合わせながら眺

めている。なぜなら、何度もコミケに足を運び、膨大な関連グッズと同人誌を所有するショウタにとって、それらのモノが備える意味は時間の経過とともに曖昧になってしまうからである。所有するモノが増えるにつれて、個々のモノから引き出された意味はこんがらがり、定期的に手入れを行わなければ色あせてしまうのだ。

　剥奪の儀式

　第3は、剥奪の儀式である。消費者は、誰かから譲り受けたモノにくっついている個人的な意味を取り除く。たとえば、中古の家やクルマを購入した時に、前の所有者のことをイメージさせる意味を取り除くために、磨いたり新たな飾り付けをしたりする。また、モノを手放したり売却したりすることで、消費者はこれまでモノに与えていた意味を消そうと試みる。

　ショウタの場合、中古のマンガを買った時にはアルコール消毒をするし、前の所有者が張ったシールなどを丁寧に剥がしたりする。アイの場合、元カレにもらったティファニーのネックレスを、新品同様のままメルカリで販売したりする。これは単に買取価格を上げることだけが目的ではない。個人的な意味を取り除く行為でもあるのだ。

　贈与の儀式

　第4は、贈与の儀式である。消費者は他者になんらかの意味を伝達するためにギフトを贈る。バレンタインデーやホワイトデーに象徴されるように、ギフトを通じてモノが相手へと移動することは、同時に意味の移動も伴っているといえるのだ。ギフトの贈り手は、相手に伝えたい意味を込めてモノを選択する。ショウタは聖地巡礼の際に購入した「キャラクター・クッキー」を、自ら描いたイラストを付けてオタク仲間に贈っている。

　そこには互酬性がある。互酬性とは、人から何かをもらったら、こちらも全く同じ価値でなくても、何かの形で「お返し」をするということを指す。ショウタが聖地巡礼の際に撮影した写真と購入したグッズを、「けいおん！」を知るきっかけを与えてくれた友達に贈った理由を思い出してみよう。以前、この友人から東京スカイツリーに行ったときのお土産をもらっていたのだ。

Column15-2

バレンタインデーとホワイトデー

　バレンタインデーやホワイトデーは今ではすっかり定着している。だが、その背景には企業による巧み、かつ絶え間ない努力があることをご存知だろうか？

　日本で初めてバレンタインデーの販売促進を行ったとされるのが、神戸にある洋菓子メーカーのモロゾフである。2月14日に欧米で贈り物をする習慣があることを友人から知った創業者は、1936年に、その文化を通してチョコレートを普及するために英字新聞に広告を掲載した（**写真15-1**）。1950年代になるとデパートでの販売促進にも力を入れた。

　日本のバレンタインデーは、チョコレートが贈り物の中心で、女性から男性への一方通行的なギフトであった。こうした点が、本家である欧米のバレンタインデー文化とは異なっていた。ただ最近では、贈り物としてクッキーやネクタイなども選ばれ、「義理チョコ」や「友チョコ」、それに男性が女性に贈る「逆チョコ」など、さまざまなタイプの文化も生まれつつある。

　また、「自分へのご褒美」として、バレンタインデーに自分に対して高級なチョコレートを贈るという習慣もその１つであろう。髙島屋新宿店はかつて、2月14日が土曜日になった際に、会社で渡す「義理チョコ」が減り、女性による「自分へのご褒美」の需要が増加すると見込んで、女性自身が好みそうなチョコやスイーツを販売した。2018年にゴディバが「日本は、義理チョコをやめよう」という広告を出したことも話題を呼んだ。

【写真15-1　1936年のバレンタイン広告】

写真提供：モロゾフ

　1980年前後にはホワイトデーの文化が生まれた。全国飴菓子工業協同組合は、キャンデーの需要拡大を図るため、「愛にこたえるホワイトデー」を実施した。都内の百貨店でホワイトデーの告知やサンプルを提供し、銀座三越で明治製菓や不二家など加盟13社がキャンデーの即売を行った。

　これとほぼ同時期に、マシュマロをバレンタインのお返しとして始めたのが老舗菓子店の石

村萬盛堂である。チョコレートをマシュマロで包んだ「チョコマシュマロ」を3月14日に贈るという「マシュマロデー」を考案し、その後、マシュマロの白を想起させる「ホワイトデー」に名称を変更した。

6 おわりに

　この章では、ショウタのアニメオタク消費を通じて、文化と消費、聖なる消費と俗なる消費、儀式としての消費について理解し、消費の文化的側面について学んできた。消費は単なる買い物ではない。その人らしさを表現する役割を担っているのである。

　皆さんは、こうした文化と消費との関係について理解を深めたことで、消費を単にモノを買って使うだけではなく、意義のある行為としてとらえることができるようになっただろう。一見、おかしく見える消費が実はその人にとって意味合いをもつ行為であるかもしれないのだ。とりわけ文化的な意味をモノやサービスから引き出す消費の儀式に着目することは、そうした購買後の消費者行動を理解する上で役立つだろう。企業にとっては、ありふれたモノに特別な意味を持たせるためのプロモーションを考える際にも役立つだろう。

?考えてみよう

① 他人からすると不合理に見えそうな自分自身の消費をあげて、その文化的側面を考えてみよう。

② 一見、普通のモノなのに神聖化してしまった具体的な例を自分の周りで探してみて、どんな特徴があるのかを考えてみよう。

③ 日頃行っている儀式としての消費を考えてみよう。

参考文献

石井淳蔵『マーケティングの神話』岩波現代文庫、2004年。

グラント・マクラッケン（小池和子（訳））『文化と消費とシンボルと』勁草書房、

1990年。

武井　寿『意味解釈のマーケティング：人間の学としての探究』白桃書房、2015年。

次に読んで欲しい本━━━━━━━━━━━━━━━━━━━━━━━━━━━●

☆消費が文化的な営みであることを詳しく学ぶには……。

石井淳蔵『マーケティングの神話』岩波現代文庫、2004年。

☆モノに見出される文化的な意味について詳しく学ぶには……。

ミハイ・チクセントミハイ、ユージン・ロックバーグ＝ハルトン（市川孝一、川浦
　康至（訳））『モノの意味：大切な物の心理学』誠信書房、2009年。

第15章

索　引

231

■ 事　項 ■

あ　行

か　行

■編著者略歴

松井　剛（まつい　たけし）

一橋大学大学院経営管理研究科教授（博士（商学））

2000年　一橋大学大学院商学研究科博士後期課程修了。

同年、同研究科専任講師。プリンストン大学社会学部客員フェローなどを経て、2018年より現職。

主な業績に、『ことばとマーケティング』（碩学舎、2013年、日本商業学会賞奨励賞・日本商品学会賞受賞）、『欲望する「ことば」』（共著、集英社、2017年、日本マーケティング本大賞2018準大賞受賞）、『アメリカに日本のマンガを輸出する』（有斐閣、2019年）、『ジャパニーズハロウィンの謎』（編集、星海社、2019年）など。

西川　英彦（にしかわ　ひでひこ）

法政大学経営学部教授（博士（商学））

2004年、神戸大学大学院経営学研究科博士後期課程修了。

ワールド、ムジ・ネット取締役、立命館大学教授を経て、2010年より現職。

主な業績に、『1からの商品企画』（共編著、碩学舎、2012年）、『ネット・リテラシー』（共著、白桃書房、2013年、2010年度吉田秀雄賞奨励賞受賞論文の書籍化）、"The Value of Marketing Crowdsourced New Products as Such"（共著、*Journal of Marketing Research* 54(4)、2017年）、『1からのデジタル・マーケティング』（共編著、碩学舎、2019年、日本マーケティング本大賞2019大賞受賞）など。

執筆者紹介 (担当章順)

松井　　剛（まつい　たけし）……………………………………第1章，第4章
一橋大学大学院経営管理研究科教授

朴　　宰佑（ぱく　ぜう）……………………………………………第2章
中央大学商学部教授

山本　奈央（やまもと　なお）………………………………………第3章
名古屋市立大学大学院経済学研究科准教授

西川　英彦（にしかわ　ひでひこ）…………………………第5章，第8章
法政大学経営学部教授

浦野　寛子（うらの　ひろこ）………………………………………第6章
立正大学経営学部教授

鈴木　智子（すずき　さとこ）………………………………第7章，第10章
一橋大学大学院経営管理研究科教授

水越　康介（みずこし　こうすけ）…………………………………第9章
東京都立大学経済経営学部教授

北村　真琴（きたむら　まこと）…………………………第11章，第13章
東京経済大学経営学部准教授

石井　裕明（いしい　ひろあき）……………………………………第12章
早稲田大学商学学術院准教授

大竹　光寿（おおたけ　みつとし）………………………第14章，第15章
明治学院大学経済学部准教授

1からの消費者行動 〈第2版〉

2016年 1 月25日　　第 1 版第 1 刷発行
2019年 4 月10日　　第 1 版第16刷発行
2020年 3 月10日　　第 2 版第 1 刷発行
2024年 1 月25日　　第 2 版第29刷発行

編著者　松井　剛・西川英彦
発行者　石井淳蔵
発行所　㈱碩学舎
　　　　〒101-0052 東京都千代田区神田小川町2-1 木村ビル 10F
　　　　TEL 0120-778-079　FAX 03-5577-4624
　　　　E-mail info@sekigakusha.com
　　　　URL https://www.sekigakusha.com
発売元　㈱中央経済グループパブリッシング
　　　　〒101-0051 東京都千代田区神田神保町1-35
　　　　TEL 03-3293-3381　FAX 03-3291-4437
印　刷　東光整版印刷㈱
製　本　㈲井上製本所
© 2020　Printed in Japan